A escuta sagrada:
a arte da orientação espiritual

A escuta sagrada:
a arte da orientação espiritual

Margaret Guenther

Tradução:
Raniéri de Araújo Gonçalves, SJ

Edições Loyola

Título original:
Holy listening — The art of spiritual direction
© 1992 by Margaret Guenther
Rowman & Littlefield
450 Forbes Boulevard, Suite 200
Lanham, MD 2006 United States
ISBN 978-1-56101-056-1

Translated from the English Language edition of *Holy Listening*, by Margaret Guenther, originally published by an imprint of The Rowman & Littlefield Publishing Group, Inc., Lanham, MD, USA. Copyright © by the author. Translated into and published in the Portuguese language by arrangement with Rowman & Littlefield Publishing Group, Inc. All rights reserved.

Traduzido da edição em inglês de *Holy Listening*, de Margaret Guenther, publicado originalmente por uma editora do grupo The Rowman & Littlefield Publishing Group, Inc., Lanham, MD, EUA. Copyright © do autor. Traduzido e publicado na língua portuguesa em acordo com Rowman & Littlefield Publishing Group, Inc. Todos os direitos reservados.

Dados Internacionais de Catalogação na Publicação (CIP)
(Câmara Brasileira do Livro, SP, Brasil)

Guenther, Margaret, 1929-2016
    A escuta sagrada : a arte da orientação espiritual / Margaret Guenther ; [tradução Raniéri de Araújo Gonçalves]. -- São Paulo, SP : Edições Loyola, 2022. -- (Sabedoria para o nosso tempo)

    Título original: Holy listening : the art of spiritual direction.
    ISBN 978-65-5504-186-6

    1. Guenther, Margaret, 1929-2016 2. Mulheres - Vida religiosa 3. Orientação espiritual I. Gonçalves, Raniéri de Araújo. II. Título III. Série.

22-114217   CDD-253.53

Índices para catálogo sistemático:
1. Orientação espiritual : Cristianismo   253.53

Eliete Marques da Silva - Bibliotecária - CRB-8/9380

Preparação: Fernanda Guerriero Antunes
Capa e diagramação: Viviane Bueno Jeronimo
    Foto © Song_about_summer | Adobe Stock.
Revisão: Andrea Stahel M. Silva

Edições Loyola Jesuítas
Rua 1822 n° 341 – Ipiranga
04216-000 São Paulo, SP
T 55 11 3385 8500/8501, 2063 4275
editorial@loyola.com.br
vendas@loyola.com.br
www.loyola.com.br

Todos os direitos reservados. Nenhuma parte desta obra pode ser reproduzida ou transmitida por qualquer forma e/ou quaisquer meios (eletrônico ou mecânico, incluindo fotocópia e gravação) ou arquivada em qualquer sistema ou banco de dados sem permissão escrita da Editora.

ISBN 978-65-5504-186-6

© EDIÇÕES LOYOLA, São Paulo, Brasil, 2022

Para P.B.

Agradecimentos

Sou grata aos curadores do Seminário Teológico Geral e aos meus colegas do corpo docente pela oferta de tempo que me permitiu escrever este livro.

Também agradeço a Daniel Warren, que me apresentou à Cowley Publications e a sua editora, Cynthia Shattuck, com quem aprendi que bons editores têm muito em comum com bons orientadores espirituais: ela foi parteira, professora e anfitriã generosa.

Por fim, obrigada, Alan Jones. Sua amizade e seu incentivo me ajudaram a encontrar minha voz.

Sumário

Prefácio de Alan Jones 11

Introdução
A escuta sagrada 17

Capítulo um
Acolhendo o desconhecido 23

Capítulo dois
Bons mestres 57

Capítulo três
Parteiro da alma 97

Capítulo quatro
As mulheres e a orientação espiritual 125

Epílogo 157

Prefácio

Há alguns anos, um monge respondeu com raiva (mas com um brilho nos olhos) a uma palestra que eu fiz sobre direção espiritual. Não acho que ele estava bravo comigo ou mesmo com o assunto tratado. Foi a abordagem que fiz que o atingiu. Ele disse: "O que eu desejo é algo não espiritual e não diretivo!". Ele tinha razão. Com facilidade, a orientação espiritual pode se tornar muito "espiritual" no sentido de ser desencarnada e irreal. Pode se tornar muito diretiva por ser clínica ou autoritária em excesso. Sempre há o perigo de uma pessoa bem-intencionada ou espiritualmente mandona invadir a vida de alguém sem ser convidada e causar danos reais. Alguns de nós gostam de interferir na vida das pessoas e de seguir interferindo cada vez mais.

A orientação espiritual precisa ser desmistificada. Margaret Guenther percorre um longo caminho para fazer isso ao escrever um livro sábio e penetrante sobre a orientação espiritual não diretiva e não demasiadamente espiritual. Ela conseguiu lançar luz sobre o chão da experiência humana cotidiana, da qual nascem atos extraordinários de coragem espiritual e perseverança.

De certa forma, a arte da orientação espiritual reside em descobrirmos o óbvio em nossa vida e em percebermos que os eventos diários são os meios pelos quais Deus tenta nos alcançar. Quando o *Burguês Gentil-Homem* de Molière[1] descobriu que toda linguagem era

---

1. *O Burguês Gentil-Homem* é uma peça teatral que foi encenada pela primeira vez em 14 de outubro de 1670 na França, perante a corte do rei Luís XIV. A peça

poesia ou prosa, ficou encantado ao saber que falara prosa em toda a sua vida sem perceber. Assim ocorre conosco. O tempo todo tivemos uma vida espiritual e não sabíamos disso. *Há poesia na vida espiritual*, mas na maioria das vezes vivemos de forma prosaica.

Margaret Guenther sabe muito sobre o estranho ministério de graciosa interação humana que a tradição chama de parteira da alma. Ela também sabe que escrever sobre orientação espiritual pode ser perigoso. Isso se tornou uma mini-indústria de publicações religiosas, o que por si só não é um problema. O perigo reside no fato de que é quase impossível não ser contagiado pelas atitudes predominantes de uma sociedade aquisitiva, competitiva e consumista, as quais permeiam até mesmo nossa abordagem daquilo que é espiritual. A oração é mais uma coisa que se *tem* que fazer, mais uma habilidade que se tem que aprender para participar da corrida espiritual e seguir em frente. Para algumas pessoas, ter um orientador espiritual é como ter o próprio psicólogo ou um *personal trainer* na academia. Isso promove um *status* espiritual. Promete uma vantagem espiritual sobre os outros. Ter um orientador (ou orientadora) espiritual é como sair do interior da cidade do espírito e ir para os subúrbios, onde há mais infraestrutura e a promessa de associar-se ao clube de campo da alma. Ter um mentor espiritual levará a pessoa a se mover espiritualmente para o alto[2].

Outro efeito debilitante do impulso e da ganância de uma sociedade de consumo sobre a vida do espírito é a suposição de que tudo é, em princípio, *consertável*. A verdadeira orientação espiritual diz respeito às grandes coisas impossíveis de serem corrigidas na vida humana. Ela se refere ao mistério de se mover no tempo. Versa sobre mortalidade. Refere-se ao amor. Às coisas que não podem ser consertadas. Margaret Guenther sabe muito sobre as grandes coisas não corrigíveis.

Falar sobre orientação espiritual pode, por conseguinte, ser muito irritante. Não é tanto pelo assunto em si, mas pelo fato de que, quando falamos sobre qualquer coisa "espiritual", o ressentimento, o ciúme e

---

consta de cinco atos que são alternados por diálogos falados, danças e músicas. (N. do T.)

2. O que é dito neste parágrafo se aplica bem à sociedade estadunidense. Não descreve a situação da sociedade brasileira como um todo, embora possamos identificar alguns dos aspectos nele descritos. (N. do T.)

a culpa são incitados nas pessoas com frequência – em parte porque somos assombrados pela amplitude da impossibilidade de consertar essas coisas. Se uma pessoa dá a entender que tem algo próximo a uma vida espiritual disciplinada, alguns de nós ficamos com uma sensação de desânimo. Ou nos comparamos desfavoravelmente com ela, ou procuramos as falhas que devem estar escondidas sob o verniz da piedade dela. Que tipo de pessoa, portanto, deveria escrever sobre a vida espiritual hoje? Tal escrita precisaria estar bem fundamentada na experiência cotidiana comum. Precisaria ser concreta e ter a capacidade de ver o lado engraçado do empreendimento espiritual, mesmo em meio a um grande sofrimento. Precisaria ser astuta o suficiente para identificar os estratagemas bizantinos do ego para se tornar o centro de tudo, até mesmo do próprio sofrimento e da própria luta. Ela precisaria ser capaz de fazer julgamentos sem condenar, capaz de perceber um cisco no chão sem permitir que sua habilidade de discernir o engano azede sua visão da glória e alegria presentes no nascimento de cada pessoa em Deus. Margaret Guenther é uma dessas escritoras. Ela também é feminista, ou seja, escreve com base na perspectiva de uma mulher que sabe o que é ficar invisível e ser deixada de lado, ignorada e não ouvida.

Há muito falatório sobre a necessidade de "uma perspectiva feminina". Há pouco, uma escritora contou a respeito da maneira como sempre foi chamada para "o ponto de vista feminino" na pós-graduação. Tornou-se uma piada interna com suas amigas dizer: "Falando como mulher, acho que vou comer almôndegas no jantar". No entanto, há uma perspectiva feminina bastante negligenciada que por fim está sendo ouvida. Margaret escreve muito sobre ouvir, esperar e ser presença – todos atributos associados ao feminino. Ela não tem medo de usar imagens que, em sua tradição, são associadas quase exclusivamente às mulheres, como metáforas de tarefas domésticas e limpeza da casa. No entanto, não faz rodeios ao criticar atitudes e posturas patriarcais. Quando se trata de questões de simples injustiça e de pura tolice eclesiástica, é tanto crítica quanto inclusiva.

A orientação espiritual é muito suscetível às imagens femininas de gravidez e parto. Deus é o grande ajudante no nascimento. Não é de admirar que o trabalho da parteira seja a metáfora dominante ao descrevermos a orientação espiritual, e Margaret Guenther insiste que os homens são tão capazes disso quanto as mulheres. Ajudamos no nascimento uns dos outros em um ambiente de amável hospitalidade. Nós também, de vez em quando, agimos como pais uns dos outros. Quando perguntaram a uma criança que passou pelo tratamento de autismo para que serviam os pais, ela respondeu: "Eles esperam por você". Isso é o que podemos fazer uns pelos outros.

Existe, contudo, mais a ser aprendido do que a recuperação do feminino no uso de metáforas do parto. Há também a recuperação do papel das pessoas mais velhas (idosas) em trazer as almas à tona. Avós e avôs podem desempenhar um papel importante na formação da alma. Margaret evoca a imagem da vovó dos Apalaches – sábia, engenhosa e experiente – ajudando no nascimento de bebês em chalés e cabanas remotas, de difícil acesso. Precisamos de vovós e vovôs espirituais que tenham tempo e sabedoria para esperar pacientemente em lugares distantes do espírito e, em silêncio, fazer nascer coisas novas nos outros.

Homens e mulheres têm pecados comuns, mas também têm outros muito identificados com seu sexo específico. O pecado tradicional é o orgulho e ainda está muito vivo, mas, segundo Margaret Guenther, o pecado que se apega em especial às mulheres é o autodesprezo. O orgulho do homem e o autodesprezo da mulher (embora não sejam exclusivos de nenhum dos sexos) tornam as relações entre os sexos excepcionalmente azedas a todo momento. Talvez seja por isso que homens e mulheres invoquem um padrão de comportamento elevado e cruelmente idealizado que apenas superseres humanos poderiam manter. Os padrões seculares modernos de moralidade são draconianos em comparação aos padrões religiosos antiquados, que, pelo menos, ofereciam a promessa de perdão. A maioria de nós comete um erro fundamental no que diz respeito à própria natureza da moralidade. Todos queremos uma estrutura funcional de regras em um mundo corrigível, que a maioria de nós possa seguir sem nenhum esforço real. Queremos que as coisas funcionem, incluindo nossa moralidade. Tentamos, portanto, nos colocar em uma posição segura do ponto de vista moral, mudando as regras. As novas regras são ou um artifício para punir os politicamente incorretos ou tão inconsequentes que as relações humanas são banalizadas.

Há outro ponto de vista que este livro fará muito bem em trazer à tona. Essa outra perspectiva é mais bem ilustrada pela referência à história de um encontro entre um católico convertido do comunismo e um de seus antigos colegas ateus. O primeiro diz ao segundo: "A diferença entre nós dois é que eu acredito em responsabilidade absoluta e perdão absoluto. Você acredita em nenhuma responsabilidade e nenhum perdão". Não vale a pena viver a vida humana sem que aceitemos a responsabilidade por nosso comportamento de forma voluntária, mas isso seria um fardo muito pesado sem a possibilidade de perdão. Aqueles de nós que desejam um mundo mais atencioso e humano devem estar cientes do perdão (tanto humano quanto divino) se quiserem navegar bem nos mares tempestuosos das relações humanas. Grande parte da nossa dor poderia ser evitada se soubéssemos como questionar nossos anseios e estivéssemos dispostos a perdoar uns aos outros, mesmo quando procuramos responsabilizar uns aos outros. A orientação espiritual, naquilo que tem de melhor, faz exatamente isso.

O orientador espiritual tem a dupla tarefa de sustentar as exigências de responsabilidade absoluta e a promessa de perdão absoluto. É com base em tais exigências e promessas que ajudamos no nascimento uns dos outros. Margaret Guenther sabe o que significa crescer e se tornar alguém. Há espera, quietude e esperança. "Em caso de dúvida", escreve ela, "sempre presumo que Deus está trabalhando, ou seja, a pessoa está grávida." Assim como ela achou útil consultar *The Complete Book of Midwifery*[3], seus leitores encontrarão nestas páginas um manual valioso para reconhecer a obra incrível de Deus em nós e entre nós na normalidade da existência humana. No melhor sentido, esta é uma obra sobre orientação espiritual não diretiva: concreta e sábia, compassiva e não sentimental, prática e contemplativa. Desejo que mais pessoas como nós estejam dispostas a buscar hospitalidade com o outro na arte de dar à luz.

Alan Jones
Catedral da Graça, São Francisco, Califórnia

---

3. "O livro completo de obstetrícia" [em tradução livre]. BRENNAN, BARBARA; HEILMAN, JOAN RATTNER, *The Complete Book of Midwifery*, New York, E. P. Dutton, 1977. (N. do E.)

Introdução
A escuta sagrada

Este é um livro de uma amadora, escrito para amadores. "Amador" é uma palavra que foi desvalorizada em nosso tempo, conotando alguém que não deve ser levado a sério, que não está à altura de determinada tarefa, certamente um pobre substituto (e, em geral, inferior) do profissional digno.

Já a amadora é aquela que ama, ama a arte que ela serve, ama e ora pelas pessoas que confiam nela, ama o Espírito Santo, que é o verdadeiro orientador neste estranho ministério chamado orientação espiritual. O amador fica tenso por afixar uma placa ou fazer uma publicação num balcão de anúncios, em vez disso, espera que os outros divulguem seu dom, podendo até mesmo descobrir acidentalmente seu chamado para este ministério. Assim como *Abba* Macarius, que, no deserto egípcio do século IV, manifestou-se: "Eu ainda não me tornei um monge, mas vi monges", o amador-amante-orientador pode dizer: "Quem, eu? Eu ainda não me tornei um orientador espiritual, mas já vi orientadores espirituais"[1].

É um ministério estranho, muitas vezes exercido nas brechas de tempo, intrometendo-se nos aspectos práticos da administração paroquial ou na preparação de sermões ou de aulas. Às vezes, fico quase relutante em nomeá-lo, pois as próprias palavras – orientação espiritual – podem ser desconcertantes ou sedutoras, tendo em vista que evocam a imagem de um Svengali[2] clerical, obrigando uma alma

---

1. WARD, BENEDICTA, *The Desert Christian: the sayings of the desert fathers*, New York, Macmillan, 1975, 125.
2. Referência a Svengali, uma personagem de ficção presente na obra de ficção *Trilby* (1894), de autoria George du Maurier. Nessa obra, Svengali é apresentado como um hipnotizador de mau caráter. A personagem logrou sucesso perante o público, de

trêmula a se ajoelhar sobre um vidro quebrado enquanto recita o *Miserere* (Sl 51).

Dominação e submissão não devem ter lugar na orientação espiritual, mas, sim, "escuta sagrada", presença e atenção. Refletir sobre a escuta me faz lembrar da senhora G., nos meus dias como capelã de hospital. Uma mulher formidável que parecia a Rainha Vermelha de *Alice no País das Maravilhas*. Ela estava gravemente doente e, com suas demandas incessantes, era uma fonte de aborrecimento para a equipe de enfermagem. Um dia, depois de buscar seus óculos e encontrar sua dentadura, ajustar a televisão, arrumar a veneziana, colocar água potável em sua jarra e afofar seu travesseiro, presumi que as necessidades urgentes da senhora G. haviam acabado. No entanto, ela acenou para que eu me aproximasse e disse: "Mais uma coisa. Tire-me daqui!". Quando respondi que, por mais que quisesse que ela ficasse bem, atender a esse pedido em particular estava fora do meu alcance, a senhora G. olhou para mim com decepção e certo desgosto, dizendo: "Você quer dizer que apenas anda por aí e escuta as pessoas?". Eu me senti muito pequena e muito falsa ao responder: "Receio que seja isso, senhora G.". Um lento sorriso surgiu na face da Rainha Vermelha. "Bem, acho que isso também é trabalho."

Já não ando muito por aí, mas ainda ouço bastante as pessoas. E por diversas vezes penso na senhora G., que é provável que nunca tenha ouvido falar de orientação espiritual, mas sem dúvida reconheceria, a contragosto, que "também é um trabalho".

Paradoxalmente, a necessidade e a fome estão presentes, mesmo enquanto lutamos para definir este ministério. O Cursilho de Cristandade trouxe de volta as palavras "orientação espiritual", mas a maioria dos leigos e muitos clérigos estão inquietos e inseguros sobre seu significado na igreja do final do século XX. Estamos com fome e não sabemos de quê. Queremos algo, mas não podemos nomeá-lo. A paróquia está cuidando bem de nós, nutrindo-nos com a palavra e o sacramento, assim como o hospital providenciou para que a senhora G. fosse alimentada, cuidada e medicada. No entanto, queremos

---

modo que seu nome se tornou um sinônimo para pessoa impertinente, dotada de humor cínico. (N. do T.)

outra coisa, algo mais: queremos ser tocados, queremos ser conhecidos como filhos e filhas de Deus. Frequentemente, perdemos o ponto, presumindo, como a senhora G., que o ajuste do ambiente externo de alguma forma consertará tudo. No entanto, o que de fato temos é fome de plenitude e de Deus.

A orientadora espiritual pode ser tentada a consertar as coisas, ser desviada, como eu, por detalhes como dentadura e vidros, televisão e persianas. Para combater tal tentação, é bom lembrar a máxima espiritual oferecida por John Irving em um de seus romances: quando ajuda as pessoas, você bagunça a vida delas. Santo Antão, o Grande, teve uma ideia semelhante mais de mil e seiscentos anos antes, quando citou *Abba* Paphnutius ao dizer: "Eu vi um homem na margem do rio enterrado até os joelhos na lama e alguns homens vieram ajudá-lo a sair da lama, mas eles o empurraram ainda mais, até o pescoço". Antão comentou com aprovação sobre Paphnutius: "O herói é um homem real, que pode cuidar das almas e salvá-las"[3]. O que quer que façamos como orientadores espirituais, não devemos bagunçar a vida das pessoas nem as empurrar ainda mais para a lama.

Contudo, a fome existe, e alguns de nós, leigos e ordenados, somos solicitados a responder. Repetidamente, as pessoas marcam alguma reunião "para falar com alguém". Há urgência em suas vozes, muitas vezes ficam surpresas por ninguém poder recebê-las naquele mesmo dia e que talvez seja necessário esperar uma ou duas semanas. Então, quando elas chegam, quando a porta é por fim fechada e o telefone desligado, elas dizem, se desculpando: "Não tenho certeza de por que estou aqui. Não sei o que quero". Elas querem Deus, é claro, mas não podem dizer isso. Elas querem se conhecer na relação com o Senhor, mas também não podem dizer isso. Elas querem orientação espiritual, mas são incapazes de expressar essa necessidade.

A orientação espiritual não é psicoterapia nem é um substituto barato desta, embora os temas sejam compatíveis e com frequência compartilhem a mesma matéria-prima. A orientação espiritual não é aconselhamento pastoral, nem deve ser confundida com a mutualidade de amizades profundas, pois é descaradamente hierárquica.

---

3. WARD, BENEDICTA, *The Desert Christian*, 7.

Não porque o orientador seja de alguma forma "melhor" ou "mais santo" do que a pessoa orientada, mas porque, nessa relação pactuada, o orientador concordou em se colocar de lado para que sua atenção total possa se concentrar naquele que está sentado na outra cadeira. Que dádiva para levar a outra pessoa, a dádiva da atenção desinteressada e amorosa!

Nas páginas que se seguem, tentarei descrever a forma que a orientação espiritual pode assumir para as pessoas de nosso tempo, cientes de que o assunto é indescritível. Estou falando para iniciantes, aqueles leigos ou ordenados, com ou sem formação teológica formal, que se sentem atraídos para este ministério. Talvez eles sintam a agitação ao ver os próprios dons não reconhecidos. Ou talvez se perguntem sobre como receber orientação, se é um ministério disponível para "pessoas comuns" ou reservado para aqueles especialmente santos. Espero que alguns cantos escuros sejam iluminados e algumas perguntas, respondidas.

Como uma amadora, só posso escrever de minha perspectiva. Em primeiro lugar, é a perspectiva de uma mulher que está casada há mais de três décadas e que teve e criou filhos. A maioria dos principais livros recentes sobre orientação espiritual foi escrita por homens. Os nomes de Alan Jones, Morton Kelsey, Tilden Edwards, William Barry, William Connolly, Kenneth Leech e Martin Thornton vêm à mente de imediato, embora Edwards indique que as mulheres parecem ter dons especiais para este ministério:

> Minha suspeita é que há muito mais grandes guias espirituais do que o registro mostra, mas que permaneceram na obscuridade, no domínio normativo dos homens em posições de liderança visível. Minha experiência aponta para mais mulheres potencialmente talentosas do que homens como acompanhantes espirituais[4].

Além disso, várias mulheres que escrevem sobre o assunto como membros de ordens religiosas falam de uma experiência de vida

---

4. EDWARDS, TIIDEN, *Spiritual Friend: reclaiming the gift of spiritual direction*, New York, Paulist, 1980, 67.

e de um ponto de vista diferentes do meu. Minha vida como mulher, esposa e mãe deu ao meu ministério sua forma particular.

Também escrevo da perspectiva de uma professora, como alguém que passou uma vida inteira lidando com a mente e a vida de alunos e alunas. Sempre tive consciência, em algum nível, da santidade da vocação da professora. A cada ano que passa, as conexões ficam mais claras para mim; ensino é de fato ministério, grandemente ministério, e, em especial, o ministério de orientação espiritual é ensino.

Por fim, escrevo como sacerdote da Igreja Episcopal. Quando busquei a ordenação pela primeira vez, eu tinha certeza de que meu ministério estava orientado a lidar com os moribundos, muito provavelmente no ministério institucional de hospital, casa de idosos ou de cuidados paliativos. Encontrar-me mais uma vez na academia pareceu-me, a princípio, irônico, um sinal de humor divino, mas, após reflexão, muito certo. Eu, de fato, trabalho com os moribundos, pois todos nós estamos morrendo, e ajudar na preparação para uma boa morte é trabalho sacerdotal.

Ser convidada por alguém para servir como orientadora espiritual é uma expressão de grande confiança, e minha reação imediata é quase sempre: "Estou disposta a isso? O que faz essa pessoa pensar que sou digna de sua confiança?".

Neste livro, espero que nenhuma confiança tenha sido violada e que minha promessa de confidencialidade tenha sido observada. No entanto, este trabalho não seria possível sem as pessoas muito reais que se sentam comigo em meu escritório ou que pedem orientações durante retiros e dias tranquilos que conduzo. Por causa delas, não estou escrevendo sobre o que a orientação espiritual pode ou deve ser, mas a respeito do ministério de uma pessoa como de fato é. Todas as histórias que conto aqui, portanto, são *verdadeiras*, mas não necessariamente *factuais*. Nenhum nome real é usado, as circunstâncias foram alteradas e as composições foram criadas. Como esta é uma obra sobre situações de orientações "comuns", há muitos pontos em comum. Embora cada pessoa que busca orientação seja única, existem motivos, problemas e preocupações recorrentes. A *similaridade* está longe de ser entediante; faz parte da condição humana, unindo-nos e permitindo-nos sentir afinidade com os grandes escritores espirituais, uma vez ultrapassadas as superficialidades que os fazem parecer distantes.

    Sou profundamente grata aos meus orientados, meus filhos espirituais que são meus irmãos e irmãs, meus companheiros de viagem e meus amigos. Agradeço a todos vocês: mulheres e homens; homossexuais, lésbicas e heterossexuais; buscadores hesitantes e teólogos confidentes; jovens e idosos. Se você acha que se reconhece nestas páginas, é porque é bem possível que se reconheça e, ao mesmo tempo, não se reconheça. Em algumas situações, quando a história se torna muito específica e o material é delicado, me assegurei de ter a sua permissão. Nos outros casos, sua história está aqui tecida, espero, de maneira fiel e discreta na urdidura deste livro.

Capítulo um
Acolhendo o desconhecido

Tendo levantado os olhos, viu três homens de pé perto dele. Logo que os viu, correu ao seu encontro, da entrada da tenda, e prostrou-se em terra. Disse-lhes: "Meus senhores, se obtive graça ante vossos olhos, por favor, não passeis diante do vosso servo sem vos deterdes. Ser-vos-á trazido um pouco de água para lavardes os pés, e repousareis sob a árvore. Vou buscar um pedaço de pão para refazerdes as forças. Depois prosseguireis viagem; foi por isto que passastes junto de vosso servo!". Responderam-lhe eles: "Sim! Faze como disseste!".
Abraão foi depressa para a tenda onde estava Sara, e disse-lhe: "Toma depressa três medidas de farinha de trigo, amassa-a, e faze bolos". Depois correu Abraão ao rebanho, tomou um novilho tenro e bom, entregou-o a um servo, que se apressou em prepará-lo. Tomou depois coalhada, leite, e o novilho preparado, e colocou tudo diante deles e ficou de pé junto deles sob a árvore, enquanto comiam.
(Gn 18,2-8)
Não esqueçais a hospitalidade; alguns a praticaram, tendo a sorte de, sem o saberem, acolher anjos.
(Hb 13,2)
Que todos os hóspedes que chegam sejam recebidos como Cristo, pois ele vai dizer: "Eu vim como convidado, e você me recebeu".
(*Regra de São Bento*, capítulo 53)

Todas as manhãs, o meu dia começa com uma olhada em minha pequena agenda preta. Normalmente, o espaço está repleto de nomes e números de telefone, e o formato do dia é previsível. No entanto, em algumas ocasiões, o nome rabiscado não me é familiar: alguém está vindo pela primeira vez, provavelmente para explorar a possibilidade de receber orientação espiritual, mas isso nem sempre está claro. Nem sempre estou certa de como a pessoa me encontrou – talvez tenha recebido uma sugestão do clero paroquial, uma referência ocasional de um amigo de um amigo, ou mesmo pela lista telefônica de Nova York. Apesar da conversa preliminar por telefone para estabelecer o compromisso, somos estranhos um ao outro; nomes sem rostos ou histórias.

Estou prestes a oferecer hospitalidade a um desconhecido, uma perspectiva ao mesmo tempo estimulante e inquietante. Torno-me autoconsciente; ele está esperando uma pessoa mais velha, mais nova, mais alta, mais baixa, pelo menos alguém que se pareça com uma orientadora espiritual. Enquanto meus amigos e colegas estão acostumados com meu escritório, com meus livros e imagens, será que o desconhecido ficará desanimado? E sobre essa pessoa? O que ela quer de mim? Será interessante, tediosa, desafiadora, ou – afinal de contas estamos em Nova York – louca? Esses pensamentos nem sempre passam por minha cabeça em ordem clara, mas pairam logo abaixo da superfície quando um orientando em potencial apresenta-se pela primeira vez. Eu sinto meu parentesco com Abraão, quando ele levantou os olhos e viu três estranhos em pé na frente dele. O meu convidado, como o dele, fez uma pausa em uma viagem. Será que eu quero mesmo parar o que estou fazendo e convidá-lo a lavar seus pés e descansar debaixo da árvore, antes que ele prossiga? Geograficamente, é raro a viagem ser impressionante, uma viagem de metrô desde o subúrbio, uma viagem de trem de Nova Jersey, cinco minutos a pé atravessando o seminário. A pessoa que está à porta do meu escritório quase nunca está despenteada, coberta de poeira, e resistiria a qualquer tentativa minha de lavar seus pés. No entanto, espiritualmente, ela percorreu uma grande distância e ainda está longe de casa.

Como todos nós, aquele que procura orientação espiritual está em uma jornada. Desde a expulsão do Éden, temos sido um povo em movimento, apesar das tentativas de autoilusão a que, de certa forma, dizemos que já chegamos, nós seguimos os passos de nosso Senhor peregrino, sempre a caminho, com nossos rostos virados resoluta ou relutantemente em direção a Jerusalém. A mobilidade é o nosso modo de vida. Quantos de nós vivemos num raio de dez, até mesmo de cem milhas do nosso local de nascimento? E quantos de nós têm alguma ideia de onde vai morrer? No âmbito físico, a nossa vida é uma viagem; no aspecto espiritual também estamos sempre a caminho, *in via*, quando suspiramos por estar *in patria*. Somos viajantes e estamos cansados e com saudade de casa.

É um fato da vida que os viajantes não podem sobreviver confortavelmente sem hospitalidade. Não obstante seus prudentes planejamentos e suas abundantes provisões, se a viagem continua por tempo prolongado, eles vão precisar dos cuidados de um anfitrião, alguém que ofereça um lar temporário como um lugar de descanso e refresco. Assim, Abraão ofereceu água a seus visitantes angelicais para lavar a poeira de seus pés; pães frescos e carne para aliviar a fome. Assim, também, os arcos dourados do McDonald's e o logotipo familiar do Holiday Inn [rede de hotéis] nos acenam, prometendo refresco duvidoso e ambiente agradável. (A melhor surpresa é nenhuma surpresa, diz o ditado; mas, na jornada espiritual, o inverso pode muito bem ser verdade!) Nem mesmo a pessoa mais autossuficiente pode escapar dessa necessidade de hospitalidade: tanto um modesto carro de passeio quanto um esplêndido trailer entram discretamente em áreas sinalizadas nos parques nacionais, que convidam a descartar seus resíduos antes de continuar.

Nas circunstâncias adversas do deserto ou da fronteira, a hospitalidade oferece mais que conforto: também assegura a sobrevivência física. Espiritualmente, também, não podemos caminhar pelo deserto ou do outro lado da fronteira sozinhos, devemos depender da bondade de estranhos. Embora esses estranhos de quem dependemos não sejam de fato estranhos, mas nossos irmãos e irmãs em Cristo. Eles são os anfitriões, os doadores de hospitalidade, que nos sustentam na viagem: os nossos amigos e orientadores espirituais.

"Hospedeiro" é uma palavra com muitas conotações, nem todas adequadas no contexto de uma discussão sobre a orientação espiritual. Programas de entrevistas na TV têm apresentadores que acolhem/recebem os entrevistados, mas é difícil pensar em Johnny Carson ou David Letterman como cuidadores da hospitalidade no sentido bíblico. Comissárias de bordo eram chamadas de recepcionistas: jovens bonitas que recepcionavam e cuidavam para que os passageiros ficassem imóveis antes de lhes distribuir bebidas e comida acondicionada em pequenos recipientes de plástico. Essa é uma visão triste e estéril da recepção associada à hospitalidade!

Talvez os falantes de inglês tenham desvalorizado a palavra *host* [hospedeiro], que, certamente, não tem o vigor e o imediatismo do *Gastgeber* alemão: o cuidador do convidado, aquele que dá aos hóspedes; assim como *Gastfreundschaft*, isto é, amizade com o hóspede, a amizade especial demonstrada pelos anfitriões aos seus convidados. A orientadora espiritual é uma espécie de hospedeira que tem com seus convidados o cuidado da amizade com o hóspede. Ela é uma hospedeira (acolhedora) no sentido mais verdadeiro e mais profundo, refletindo assim a abundante hospitalidade demonstrada pelo anfitrião do banquete celeste.

Preparando-se

Qualquer pessoa que já tenha oferecido um jantar ou entretido hóspedes de fim de semana sabe que a hospitalidade é um trabalho árduo, tornado ainda mais difícil pela necessidade de mostrar-se como algo desprovido de esforço. Abraão tornou-o mais fácil: enquanto ele cumprimentava efusivamente seus convidados, oferecendo-lhes o melhor de si, seu servo foi matar e preparar o bezerro e Sara foi correndo até a tenda fazer bolos. Para a maioria de nós hoje em dia e para aqueles que praticam a orientação espiritual como um ministério de hospitalidade, não é tão fácil delegar o real (ou seja, tedioso e custoso) trabalho a outros. No entanto, o primeiro passo para ser um bom anfitrião, no jantar ou na orientação espiritual, é se preparar para ter tudo feito, de modo que a correria possa parar e o convidado seja recebido com cortesia.

Os hóspedes nos fornecem uma disciplina útil. Deixados por conta própria, podemos caminhar sem parar em torno da desordem e imundícia, prometendo fazer algo sobre o estado da nossa casa em algum momento, mas não agora. Podemos até vir a amar o nosso lixo abandonado, entesourá-lo ou tê-lo como posse garantida. No entanto, quando um convidado de honra está chegando, nós carregamos o lixo, recolocamos objetos em seus lugares e criamos um espaço organizado, limpo e acolhedor. Assim também acontece com orientadores espirituais. A primeira tarefa a ser feita é uma faxina, criar nossa ordem interna. Devemos nos conhecer bem, nossos cantos escuros e nossos lugares sem circulação de ar – os pontos onde a poeira se acumula e o bolor começa a crescer. Não é suficiente empurrar o nosso lixo para dentro do armário e fechar a porta, nem baixar as cortinas e apagar as luzes para que a sujeira não apareça, embora estes sejam truques tentadores para dedicados cuidadores de casas e de almas. Não, temos que limpar nossa casa e, em seguida, manter a limpeza para que possamos ter um lugar digno quando convidarmos outras pessoas para descansar e se refrescar.

A faxina da casa é cansativa, mas é um trabalho concreto: esfregar e polir gera resultados visíveis, que podemos ver e admirar. A faxina espiritual é mais sutil e não pode ser feita sem ajuda. Qualquer pessoa que pretenda realizar este ministério, sem a ajuda do próprio orientador, está entrando em uma via perigosa de autoengano; o equivalente espiritual de amontoar todo o lixo em um armário ou empurrá-lo para baixo das escadas do porão é ter que lidar com as questões espirituais mais tarde.

Assim, o primeiro passo para qualquer orientador é tornar-se autoconsciente com a ajuda de outra pessoa. Espiritualmente, a casa deve ser mantida em ordem, pelo menos para que ofereça um ambiente saudável e não perigoso àqueles que buscam abrigo nela.

Confiando em meu orientador, devo estar disposta a deixar meu lugar seguro e procurar hospitalidade junto a outro, a pedir ajuda e fazer-me guiar. Devo estar disposta a ser uma viajante necessitada, vulnerável, cansada, bem como uma anfitriã generosa. Assim, torna-se mais fácil ser a anfitriã, algo que *Abba* James do deserto tinha em mente quando disse: "É melhor receber hospitalidade do que oferecê-la"[1]. Ter um orientador espiritual me mantém honesta, torna-me consciente de meus cantos de negligência e me ajuda a manter a casa razoavelmente arrumada.

Orientadores espirituais precisam de toda a ajuda que possam obter para permanecerem em um estado razoável de aptidão. (Ninguém deve esperar perfeição.) Além do nosso orientador, todos nós precisamos de amigos espirituais com os quais possamos falar de nossas questões mais profundas, e que não tenham medo de falar-nos a verdade com amor. O padroeiro não oficial dos orientadores espirituais, Elredo de Rievaulx, escreveu no século XII:

---

1. WARD, BENEDICTA, *The Desert Christian: The Sayings of the Desert Fathers*, New York, Macmillan, 1975, 104.

Um homem deve ser comparado com uma besta se não tem ninguém para se alegrar com ele na adversidade, ninguém a quem possa descarregar sua mente se qualquer incômodo cruza sua trajetória ou com quem possa compartilhar alguma rara inspiração sublime ou iluminadora... Ele está totalmente sozinho se está sem um amigo.

Mas que felicidade, que segurança, que alegria ter alguém a quem falar em pé de igualdade como a outro eu; alguém a quem você pode, sem pudor, dar a conhecer o progresso que fez na vida espiritual; alguém a quem você pode confiar todos os segredos do seu coração e diante de quem pode colocar todos os seus planos[2].

Eu ainda não ouvira falar de Elredo quando me encontrei pela primeira vez com minha amiga Janet, mas depois a reconheci nas palavras dele. Ela é inglesa, musicista e medievalista, além de uma teóloga leiga sensível. Ela me deu algo que eu não poderia dar a mim mesma. Excluindo sua desaprovação do meu gosto por flores e música de piano russo do final do século XIX, ela me acolheu e amou como sou. Valorizo sua mente perspicaz e honestidade inflexível; e, embora nunca tenhamos conversado sobre nossa amizade, sei que ela a valoriza da mesma forma. A distância nos impede de nos encontrarmos com mais frequência do que uma vez por ano, mas cada vez que isso ocorre há uma sensação de estar em casa e em completa segurança. Não existe lugar para o trivial em nossas conversas, nem para uma postura piedosa. Embora raramente rezemos juntas, nossa conversa é sempre sobre Deus; assim, "falamos em pé de igualdade como a outro eu".

Há também aquelas coisas que podemos fazer por nós mesmas e que nos mantêm prontas para receber os convidados. Acho que o diário pessoal é de grande ajuda no autoconhecimento. Existem métodos e disciplinas para escrever diários, alguns tão formidáveis que desencorajam todos, menos os mais zelosos. Uma forma livre é "escrever quando você precisa" – um sistema que funciona bem para mim.

---

2. RIEVAULX, AELRED DE, *Spiritual Friendship*, Kalamazoo, Cistercian Publications, 1977, 71-72. [Elredo de Rievaulx nasceu em Hexham, Northumbria, em 1110. Viveu vários anos na corte do rei David I da Escócia, passando a ser Mestre da Casa antes de deixar a corte para ingressar na abadia cisterciense de Rievaulx, em Yorkshire, em 1134, aos vinte e quatro anos de idade. (N. do T.)]

Ao fazer o diário em folhas e guardá-las em pastas, sou capaz de redigir textos na máquina de escrever ou no computador e incluir cartas, poemas e artigos que se tornaram parte da minha história. Anotações de diário podem ser feitas a qualquer momento e em qualquer lugar; em seguida, levadas para casa para ser colocadas no fichário. Certa vez, decidi que ninguém iria lê-lo ou, se o fizessem, não importaria, pois eu estaria morta; assim tenho sido capaz de escrever abertamente. No diário, você pode ser tão repetitivo quanto deseja; é um lugar para brigar com os anjos e combater os demônios.

Um tempo de retiro também ajuda a manter uma perspectiva saudável. Um retiro não é sinônimo de um período de férias; o primeiro tem uma austeridade intencional. O ambiente radicalmente simplificado desencoraja a desordem interior. Na maioria das casas religiosas não há "nada a fazer" – nenhum jogo, sem distrações, sem ruídos excessivos, sem TV, sem ocupação. Em vez disso, há um silêncio, comida simples, espaço adequado, e a segurança de estar cercado por uma comunidade orante. Para vários de nós que ficamos presos a horários lotados e caímos na ilusão perigosa e pecaminosa de que nós, os assistentes administrativos de um bem-intencionado, mas ineficiente, Deus Executivo, somos os que realmente sustentam o mundo, mesmo um breve retiro é um corretivo poderoso. Quando reduzimos a correria, somos capazes de olhar para nós mesmos e de rir de nossos pequenos e lamentáveis constructos. Nossa humildade é restaurada; pelo menos por um tempo, somos lembrados do nosso verdadeiro lugar na ordem das coisas.

Orientadores espirituais, confessores, amigos espirituais e retiros, todos são meios bastante *espirituais* de manter nossa casa em ordem! No entanto, é muito fácil ignorar os dons mais comuns da criação como auxílios à plenitude. Bem-aventurados os que incluem bebês e animais entre seus amigos; em sua inocência personificada, essas pequenas criaturas nos mantêm simples.

Bem-aventurados são aqueles que encontram a mão de Deus na estética: música, literatura e arte nos mantêm alegres e equilibrados. E bem-aventurados os que gostam de trabalho bom e duro. Não há nada como serrar um tronco ou cortar a grama, esfregar um chão *muito* sujo ou amassar um pedaço de pão para fazer-nos regozijar em nossa fisicalidade e nos trazer próximo à terra. Um orientador espiritual que se torna muito "espiritual" é mais do que um pouco assustador.

Partilhando nosso espaço

O que acontece quando oferecemos hospitalidade? Convidamos alguém a entrar em um espaço que oferece segurança e abrigo e colocamos de lado nossas necessidades, assim tudo é focado no conforto e refrigério do hóspede. Por algum tempo, pelo menos, *mi casa es tu casa*, como os espanhóis graciosamente afirmam. Há provisões para limpeza, alimentação e descanso. A hospitalidade é uma ocasião para contar histórias com riso e lágrimas, e em seguida os hóspedes se vão, talvez com algumas provisões adicionais ou com um roteiro para a próxima etapa da viagem.

Em sua forma mais simples, a hospitalidade é uma oferta de espaço, tanto físico como espiritual, e, como dom da escuta atenta, não deve ser tomada de maneira leviana. Isso fica claro para mim todos os dias quando vou para o trabalho. Eu moro em Nova York, onde a densidade populacional contribui para o estresse, até mesmo para o alto grau de violência, cidade em que a pessoa se torna consciente das linhas invisíveis que asseguram um mínimo de privacidade psicológica. Assim, as pessoas aprendem a evitar o contato visual no metrô e a se mover rapidamente por calçadas lotadas, mantendo-se a milímetros de distância dos outros pedestres, mas sem chegar a *tocar* em ninguém. O espaço é precioso e guardado de forma zelosa.

Como orientadores espirituais, temos o prazer de partilhar o nosso espaço, o espaço de estudo ou escritório e o espaço interior, onde Deus pode nos encontrar. Ao contrário dos nova-iorquinos nas ruas congestionadas, não temos medo de ser generosos com o nosso território nem temos medo da intimidade com outra pessoa. Nós oferecemos o melhor que temos.

O espaço físico é, à sua maneira, tão importante quanto o espaço espiritual. Afirmo que não devo receber as pessoas em minha casa para a orientação espiritual: há muita confusão de papéis e personagens. Mesmo que os membros da família e animais de estimação possam ser banidos para outras partes da casa, os apetrechos da vida diária intrometem-se e tornam o espaço tão pessoal que nosso encontro corre um sério risco de tornar-se uma conversa amigável. Atender um orientando na casa dele é ainda mais insatisfatório, a menos que doença, idade avançada ou fragilidade o impeça de chegar até nós. A maioria dos locais públicos, como restaurantes, também é problemática – como poderemos estar em significativo silêncio quando o garçom quer nos dizer seu nome e explicar os pratos do dia? Bancos de parques são adequados quando há bom tempo e as igrejas vazias são um recurso disponível em dias de semana. No entanto, uma sala silenciosa que seja agradável e organizada, personalizada, mas não em excesso, é preferível. A maior parte do meu trabalho como orientadora é feito em meu escritório: uma espaçosa e ensolarada sala em um edifício do início do século XIX. (Disseram-me que, em tempos mais brandos, abrigou a enfermaria do seminário, uma conexão que acho apropriada e reconfortante.) Antes de uma sessão, tento organizar o caos sobre a mesa em pilhas de papéis arrumadas e empurrar o computador para seu canto discreto; são gestos mínimos para transformar o espaço de "trabalho" em espaço "sagrado".

Quando ocupei este escritório pela primeira vez, recuei o tapete que delineava a "área de conversa" da sala. As cadeiras estavam boas, muito confortáveis e não muito desagradáveis ao olhar. Mas o tapete! Quando olhei para o xadrez vermelho lamentável que tinha visto melhores dias, com partes visivelmente desgastadas e fiapos em suas bordas, prometi a mim mesma que ele sairia dali tão logo o orçamento permitisse sua substituição. Agora, porém, aquele tapete tornou-se uma parte importante de minha oferta de hospitalidade. Uma e outra vez, em silêncio, no início de uma sessão, ouço em meu coração as palavras de Elredo de Rievaulx: "Aqui estamos nós, você e eu, e espero que um terceiro, Cristo, esteja entre nós". Em algum momento, e não estou certa quando, um lugar no meio daquele tapete vermelho tornou-se santo. Mesmo com o orçamento mais generoso, eu não poderia substituí-lo agora. Na semana passada, um orientando chegou de outra cidade e disse-me: "Sabe, em todo o trajeto do trem eu ficava vendo o seu tapete!".

O espaço oferecido para a orientação espiritual deve ser o mais acolhedor possível: ícones, uma planta ou algumas flores, luz suave, uma temperatura confortável e tranquilidade, tudo contribui. O mais importante, porém, é que deve ser um espaço *seguro*, quase um santuário, isto é, que seja protegido de interrupções. Mesmo uma batida na porta é mais do que uma distração; é uma violação. Eu sempre desligo o telefone e penduro uma placa de "não perturbe" na porta antes de começarmos o nosso trabalho. Então, podemos orar juntos ou nos sentar em silêncio, chorar ou falar, e saber que por pouco tempo, por sessenta minutos, não haverá intrusos nem distrações. Mesmo que o tempo seja limitado (e eu acredito que essa limitação deve ser observada, exceto em circunstâncias incomuns), há, paradoxalmente, o sentimento de que temos todo o tempo do mundo. No espaço seguro que foi criado, o orientador pode estar cem por cento comprometido e atento ao bem-estar do hóspede.

A pessoa orientada deve sentir-se sem pressa. Acho que as pessoas muitas vezes chegam em um estado de grande distração, talvez ansiosas porque o ônibus veio lentamente ou por não ter sido fácil encontrar um lugar para estacionar; talvez por esse encontro parecer-lhes, de alguma forma, um compromisso para falar com Deus, fazendo-as se sentir inseguras sobre como começar a conversa. Talvez por isso meu primeiro encontro com Thomas tenha sido decididamente desconfortável. Thomas é um médico, um residente do terceiro ano em um hospital-escola da cidade. Suas horas de trabalho são longas e seu trabalho é exigente, vive cercado por pessoas em grande sofrimento, muitas delas enfrentando a morte. Deus chamou a sua atenção, e ir à igreja no domingo não lhe é suficiente. Uma amiga em comum falou a Thomas sobre mim, mas, em seu entusiasmo, nos prestou um desserviço involuntário, pintando um retrato exuberante da orientação espiritual em geral e de meus dons em particular. Era visível como Thomas chegara cauteloso com a guru altamente elogiada e não estava nada seguro de que a franqueza em falar de Deus fosse uma boa ideia. Levamos várias sessões de testes cautelosos da parte dele e de determinada normalidade de minha parte antes que o espaço, físico e espiritual, se tornasse de fato acolhedor para ele.

Além disso, o orientador pode, inconscientemente, comunicar a própria agitação e distração. Mesmo que eu me permita ter alguns minutos para me recompor entre as sessões ou para fazer a transição do ofício de educadora-administradora ao de orientadora espiritual, isso nem sempre funciona. Um seminarista chega para se debater com as questões de sua vocação, ou uma sobrevivente de incesto trata de falar sobre a dificuldade de orar o pai-nosso, enquanto memórias de um pai-estuprador terreno inunda sua mente, e eu estou presa na preparação de uma ementa ou em altercações com um negócio comercial. Não importa o quão convidativo seja o espaço físico, tenho que fazer meus preparativos internos antes que possa oferecer a verdadeira hospitalidade.

Começamos em silêncio

Ajuda muito começar com o silêncio. Antes de tudo, o tempo com a pessoa orientada deve ser reservado como um momento de oração, e não para conversa ou bate-papo amigável. A duração do silêncio pode variar. Nos estágios iniciais de trabalho conjunto, a pessoa orientada pode achar perturbador se o silêncio dura muito tempo, mas o tempo de silêncio pode estender-se à medida que a confiança cresce. Emily e eu uma vez sentamo-nos juntas por uma hora em completo silêncio. Havíamos trabalhado lado a lado tempo suficiente para nos sentirmos confortáveis uma com a outra, e naquele dia em particular ela estava exausta com as pressões de trabalho e família. Eu a havia convidado para quebrar o silêncio quando estivesse pronta. Os minutos se passaram e o silêncio tornou-se cada vez mais profundo, sereno, mas muito vivo. Eu estava com ela, porém de nenhuma maneira ansiosa para "fazer" qualquer coisa por ela. No final da hora, trocamos cumprimentos de paz, sabendo que o "terceiro" mencionado por Elredo de Rievaulx, isto é, o "Cristo", tinha de fato estado presente entre nós.

Essa entrada em silêncio não precisa ser brusca. Com orientandos que não vejo há algum tempo, muitas vezes passamos um ou dois minutos iniciando a conversa; às vezes, tomando uma xícara de chá ou café, antes de nos sentarmos para trabalhar. Em seguida, o silêncio ajuda a definir as fronteiras e torna claro o que nós somos. Durante esses momentos iniciais de silêncio, tento não prestar atenção à pessoa orientada, mas, sim, pôr a minha casa em ordem. Ajuda manter uma postura ereta, com as mãos abertas e relaxadas, e respiração desacelerada. E então eu rezo. Às vezes, é a oração de Jesus – "Senhor Jesus Cristo, tem piedade de mim, pecadora" –, outras, faço orações curtas, petições infantis: "Querido Deus, ajude-me a prestar atenção! Querido Deus, ajude-me a manter minha boca fechada! Querido Deus, deixe-me colocar-me fora do caminho! Querido Deus, deixe-me estar totalmente presente a esta pessoa, sua filha!".

Eu li que os médicos podem chegar a diagnósticos abrangentes e precisos apenas apertando as mãos do paciente, e o silêncio compartilhado com a pessoa orientada é de certa forma um instrumento de diagnóstico. Embora nós não sejamos médicos, isso pode nos dizer muita coisa. Com os nossos olhos fechados e nosso coração centrado na oração, podemos perceber medo, ansiedade, fadiga, raiva, esperança e desejo – todo o espectro de sentimentos humanos.

Às vezes, como acontece com Emily, peço a quem eu estiver orientando que rompa o silêncio quando estiver pronta. Porque algumas pessoas entram em pânico se são convidadas a rezar. Faço essa solicitação em termos gerais: "Vamos ficar quietos juntos por alguns minutos, e então você começa quando estiver pronto". Aprendi a dizer isso de forma muito clara e com suficiente altura: o silêncio orante está fora de questão, se um de nós dois não conhece as regras do jogo. Para aqueles que estão inquietos ou com medo de não dizer "a coisa certa", a responsabilidade de iniciar a conversa pode ser um fardo. Então, acabo com o silêncio com uma oração. Por vezes, com o refrão: "Deus Santo, Deus forte, Deus imortal, tende piedade de nós". Ou, então, com um simples "Vem, Senhor Jesus", uma invocação do Espírito Santo, ou apenas "Amém".

Aprendi a confiar nas pequenas orações que vêm à minha mente, tendo há muito tempo desistido da ideia de que existe uma maneira correta de colocarmo-nos em silêncio e irmos adiante. Eu hoje me pego perguntando o que vai surgir em minha mente. Há não muito tempo, estava surpresa ao ouvir interiormente uma bênção de mesa em alemão que aprendi quando era muito pequena. Resisti a ela, pois não estávamos sentados a uma mesa e me parecia muito imprópria. No entanto, ela não ia embora, por isso rompi o silêncio: "Vem, Senhor Jesus, seja nosso convidado e abençoe tudo o que nos deu". Só depois de alguma reflexão é que percebi que era uma oração quase perfeita de hospitalidade, uma oração sobre a misteriosa reorientação do anfitrião e do convidado que está no cerne da orientação espiritual.

Um lugar seguro

O espaço e o tempo oferecidos à pessoa orientada são seguros não só porque são livres de interrupções, mas também porque *qualquer* coisa pode ser dita, sem medo de críticas ou de escandalizar. A confidencialidade da sessão de orientação espiritual é ou deveria ser tão inviolável quanto a do confessionário. Na sessão inicial e exploratória, é importante deixar claro que você não vai discutir com outras pessoas nada do que for dito durante aquele encontro. Esse selo de confidencialidade pode levar a situações delicadas, mesmo bem-humoradas, dentro de uma pequena comunidade, como o seminário, em que a maioria de nós desempenha várias funções diferentes. O caminho mais seguro para mim tem sido o cultivo da amnésia, mesmo sobre detalhes "inofensivos", uma vez que é difícil lembrar onde ouvi pela primeira vez fragmentos de notícias a respeito de empregos, gravidez, crises e triunfos. Mesmo em um contexto mais amplo do que uma paróquia ou um seminário, o grupo de orientadores espirituais é surpreendentemente pequeno. É prudente assumir que *todos* se conhecem.

Pela mesma razão, sou relutante em manter qualquer tipo de registro escrito, embora saiba que alguns orientadores, incluindo pessoas de prestígio como o falecido Martin Thornton, defendem alguma forma de manutenção de registros, como um lembrete de questões relevantes ou anotações de progressos[3]. Em minha opinião, no entanto, essa é uma das maneiras pelas quais a orientação espiritual deve distinguir-se da psicoterapia. Temos que ter um olhar perspicaz, mas não fazemos diagnósticos no sentido clínico, pois nos arriscamos a menosprezar nossos hóspedes espirituais se os reduzimos a sintomas e medições. A pessoa sentada à minha frente é sempre um mistério. Quando rotulo, limito.

---

3. THORNTON, MARTIN, *Spiritual Direction*, Cambridge, Cowley, 1984, 127.

Os segredos das pessoas, de suas vidas e, mais especialmente, os de suas almas, são preciosos. Vivemos em uma época em que a maioria de nós pode falar sobre sexo com facilidade, de uma forma menos confortável a respeito da morte e só com grande dificuldade acerca de nosso relacionamento com Deus. Perguntar como as pessoas rezam é fazer *uma* pergunta íntima. Ainda me lembro de uma vez, em uma livraria lotada, quando James, um jovem sacerdote amigo, disse-me do nada e com uma voz carregada: "Sabe, Margaret, você nunca me contou como reza. O que você faz, afinal?". Tive uma sensação de déjà-vu; levada de volta a uma situação, no caixa do supermercado, quando um dos meus filhos, com uma voz de clarim, perguntou: "Mas como é que os bebês entram no ventre da mãe?". Para James, como para a criança no caixa, eu disse de imediato: "Vou te explicar quando sairmos daqui".

Minha maneira de falar a respeito da oração é muitas vezes circunspecta. Eu poderia começar perguntando sobre ritmos diários da orientanda – há momentos em que ela poderá estar sozinha e quieta? Há lugares que parecem especialmente "seguros" e próximos de Deus? Um pouco de autorrevelação pode ajudar. Carol estava relutante em falar sobre oração, pois ela era muito ansiosa e apologética sobre rezar "o suficiente" e rezar "certo". Um dia comentei que ler a liturgia das horas às vezes parecia-me um ato mecânico e seco, mas louvável; para mim, Deus estava muito próximo e a oração parecia muito real na quietude da manhã, antes de o despertador soar. Carol disse: "Eu rezo enquanto dirijo na rodovia de Connecticut. Uso as cabines de pedágio como marcadores, como grandes contas no rosário". Toda a sua jornada diária era um tempo de oração, mas achava que não "contava", que deveria estar fazendo algo mais "espiritual" e que seu envelhecido Toyota não poderia qualificar-se como um espaço sagrado.

Além da previsível dificuldade de falar sobre oração em quaisquer circunstâncias, as pessoas vêm até nós sobrecarregadas de pecados reais e imaginários, e pela vergonha. Aquele que está em recuperação do vício precisa se sentir seguro conosco; a sobrevivente de abuso sexual precisa saber que nenhum detalhe pode nos chocar ou enojar. O penitente precisa saber que nós o ouvimos, mas não julgamos, que estamos prontos para desembaraçar os fios de pecado e vergonha.

Essa total aceitação não significa que o pecado seja tomado de forma leviana ou que as consequências de um comportamento destrutivo ou prejudicial sejam encobertas. "Ah, bem, não importa" e "Você fez o quê??!!" são reações igualmente perversas e irresponsáveis para quem desnuda a própria alma. A orientadora que está convencida do amor e da misericórdia de Deus, mesmo quando a pessoa orientada não está, é capaz de acolher qualquer revelação com equanimidade. Por meio de sua aceitação amorosa, ela é capaz de modelar e refletir o amor do Senhor, tão ansiado por quem está sendo orientado que a pessoa se desespera diante da própria indignidade.

Um bom anfitrião dá ao hóspede a sensação de que há todo o tempo do mundo, mesmo quando sabemos que o tempo é um bem precioso. Se eu não for capaz de colocar *tudo* de lado, falho em hospitalidade. A ocupação ordinária pode ser banida com relativa facilidade, mas a agitação profunda é mais difícil acalmar – como minha raiva, meu medo ou meu cansaço – pois tem pouco que ver com a pessoa sentada à minha frente. Se estou fazendo meu trabalho da melhor maneira possível, essas coisas devem ser postas de lado, pelo menos durante a próxima hora. O dom da hospitalidade nesse momento é o meu dom, o que pode não ser muito, mas é tudo que tenho.

Como alguém que gosta de falar e que gosta de companhia humana, uma das minhas lições mais difíceis em orientação espiritual tem sido a seguinte: com frequência, menos é mais. Empatia irrestrita pode nos levar à apropriação da experiência do outro, por meio da postura e expressão facial, quando não por meio das palavras. Eu me protejo (nem sempre com sucesso) de dois modos. Em primeiro lugar, uso a Oração de Jesus[4] como minha oração temporizadora. Quando me percebo sufocando alguém emocional ou espiritualmente, digo a mim mesma: "Dez Orações de Jesus antes de você dizer qualquer coisa!". Ou quando fico impaciente, pois parece que estamos chegando a lugar nenhum, prometo a mim mesma: "Cinco Orações de Jesus, e então você soa o apito". Essa simples e antiga oração tem me impedido de fazer loucuras e prejudicar as pessoas mais vezes do que posso

---

4. A Oração de Jesus, mencionada aqui pela autora, é esta: "Senhor Jesus Cristo, Filho de Deus, tende piedade de mim, pecador(a)". (N. do T.)

contar. Em segundo lugar, presto atenção às minhas mãos. Grantly Dick-Read, em seu livro seminal sobre o parto natural, ressaltou a importância de um rosto relaxado: se a parturiente for capaz de relaxar os músculos faciais, poderá relaxar totalmente. Não posso ver meu rosto, mas as mãos são outra questão. Enquanto estão abertas e receptivas em meu colo ou, de maneira relaxada, descansando nos braços da minha cadeira, sou capaz de transmitir uma sensação de descanso, pois me sinto sem pressa.

A hospitalidade deve ter um começo e um fim; hóspedes deixam de ser hóspedes se vêm morar conosco. Como orientadora, tenho a responsabilidade de manter o controle do tempo e concluir a sessão no momento adequado. Uma hora é o suficiente; depois disso, a conversa tende a tornar-se repetitiva ou banalizada – faço uma exceção para orientandos que viajam de uma distância considerável e que vejo com menos frequência. Sou muito ajudada por um pequeno despertador aposentado, colocado discretamente atrás da cadeira do visitante, o que me permite observar a passagem do tempo sem olhar para meu relógio. Cerca de dez minutos antes de a sessão acabar, consigo dizer: "Teremos que parar em poucos minutos". Essas palavras quase sempre resultam num aguçamento de foco e o assunto mais importante pode ser então abordado. É tentador estender o tempo quando ocorrem essas "manifestações aguçantes", mas tento resistir à tentação. Quem está sendo orientado precisa valorizar aquele momento juntos e fazer o melhor uso dele. Então, costumo dizer algo como: "Isso parece significativo. Vamos começar com esse tema da próxima vez".

Escutando a história

Se a orientação espiritual é hospitalidade, é oferecer um lugar para descansar e limpar-se, a avaliação do orientador do que é e não é material valioso é, na melhor das hipóteses, distorcida. Às vezes, há uma grande quantidade de lixo a ser despejado (para usar a imagem do trailer citada anteriormente) ou camadas de ferrugem que devem ser removidas, na linguagem de dona de casa de Catarina de Gênova. Isso exige paciência e abertura. O contar histórias precisa ser sem pressa e sem correria; logo, o ouvinte deve estar disposto a deixar que a narrativa se desenrole, sendo sensível às repetições – estão se movendo em círculo ou espiral? Há tesouros escondidos no lixo? Quem conta as histórias está testando a confiabilidade da ouvinte ou negase a assumir o papel de protagonista e centraliza a narrativa em todos, menos em si mesmo? Assim, Mildred quer falar apenas sobre a crise profissional do marido: o que pode fazer para ajudá-lo? E Jane quer discutir a respeito de seu diretor, para quem ela atua como uma espécie de irmã mais velha: como ele pode ser protegido de superiores ameaçadores? Como pode ajudá-lo a aprender a delegar a responsabilidade?

Contar histórias é também um diálogo, e às vezes o orientador-ouvinte deve tornar-se ativo em ajudar a moldar a história. Assim, eu poderia dizer para Mildred: "Este é o seu tempo, não o de Davi. E você?". E tenho que estar preparada para a resposta dela: "Eu quero apenas o que for melhor para ele. Quero ajudá-lo". Ela apresenta resistência. Não posso deixá-la continuar evitando a própria exploração interna, mas também não posso ficar impaciente. Mildred deve estar disposta a concentrar-se em si mesma não porque teme o meu desagrado, mas por reconhecer o próprio valor ou por saber que nada na *própria* história, por mais vergonhoso que possa parecer, é indizível aqui. Jane é mais fácil. Uma mulher gentil, que gosta de cuidar de pessoas agora que seus filhos deixaram o ninho, precisa apenas de um lembrete de que seu diretor pode cuidar de si mesmo, e este é o momento e o lugar para ela cuidar de si mesma.

Pelo menos nos estágios iniciais da relação, a história contada pode parecer sem importância, até mesmo (como no caso de Mildred) um desvio intencional – o que é compreensível, pois este é um período de testes. Tony fala longamente sobre suas dificuldades no trabalho, onde as pressões da política do escritório geram piadas sobre sua vida de oração. O que ele diz é tudo "verdade", mas sei que estamos longe do cerne da questão, embora movendo-nos em espiral cada vez mais estreita. Há não muito tempo, ele me disse: "Acho que confio em você. Há mais coisas de que quero falar algum dia". Não tenho nenhuma ideia do que essas "coisas" possam ser e não sinto nenhuma curiosidade especial a respeito delas. Como sua anfitriã, respeito sua privacidade e apenas digo: "Estou aqui à sua disposição. Você saberá quando for a hora certa". A confiança deve estabelecer-se de forma livre. Descobri que ela se forma em camadas: quando penso que estamos irremediavelmente presos a banalidades ou estacionados em um platô, há uma súbita nova abertura. Ou, quando penso que nós "chegamos", passamos para um novo e mais profundo nível.

Quando há confiança suficiente para que a pessoa orientada sinta segurança de descartar esses desvios, o trabalho de limpeza começa. Aqui a tarefa do orientador é discernir entre a sujeira e a desordem, o pecado e a vergonha. A maioria de nós é bem-intencionada, mas desordenada, superestimulada e solicitada em várias frentes ao mesmo tempo. Às vezes me pergunto se o cuidado das almas era mais fácil em tempos mais simples, pois as pessoas às vezes vêm à procura de um orientador espiritual porque estão sobrecarregadas de coisas boas: trabalho desafiante, atividades caritativas úteis, mais livros do que podem ler e mais eventos culturais do que podem absorver; mais informações do que podem processar, mais caminhos de autoaperfeiçoamento do que podem seguir. Como filhos mimados, estão inundados de coisas boas; e, simultaneamente, anseiam e temem ouvir: "Apenas uma coisa é necessária". Eles vêm porque querem uma coisa, mesmo quando não conseguem articular suas necessidades. Querem ajuda para limpar a desordem ou, pelo menos, para organizá-la de modo que se torne uma mobília espiritual útil, em vez de um impedimento à plenitude.

Fazendo perguntas

O orientador pode ajudar fazendo as perguntas certas. Indagações simples e diretas que vão ao cerne da questão fazem parte da tradição espiritual. Jesus tinha um jeito de varrer as distrações para fora do caminho com uma pergunta incisiva. Ao mendigo cego Bartimeu, ele perguntou: "O que quer que eu faça por você?". Aos discípulos de João Batista, que rastejavam atrás de suas costas, atraídos, mas cautelosos: "O que vocês procuram?". Aos discípulos desesperados por não terem o suficiente para alimentar a multidão: "Quantos pães tendes?". Os quatro Evangelhos fornecem perguntas suficientes para os orientadores espirituais usarem na limpeza da desordem e ajudarem seus orientandos a articular seus anseios por Deus.

A pergunta que Jesus faz a Bartimeu é uma ajuda inestimável para clarificar e pôr ordem. Quando colocada pelo orientador, pode encontrar resistência, em especial em mulheres, que foram estimuladas desde cedo a não quererem nada (pelo menos abertamente!) e que colocam as próprias necessidades de lado no atendimento e cuidado dos outros. Este é um momento para ser gentil, porém persistente. "O que você quer que eu, como orientador, faça para você? E o que você quer que Cristo faça por você?" Chegar à resposta não é algo diferente de descascar uma cebola, tendo primeiro persuadido a pessoa orientada de que está tudo bem em querer algo de um Deus que nos convida a dizer *"Abba"* e que deve esperar de nós um comportamento de criança (até infantil).

Orientandos que são vítimas da prática da gentileza precisam ser lembrados de que essa gentileza, embora árdua e dolorosamente alcançada, não é uma das virtudes cardeais. Eles são muitas vezes surpreendidos quando faço referência a personagens bíblicas que enfatizam a persistência, ainda que seja irritante, em suas orações de petição. Mesmo aqueles que afirmam conhecimento moderado da Bíblia se esquecem da mulher cananeia, que não parava de pedir ajuda a Jesus, mesmo quando ele tentou mandá-la embora com uma brusquidão que lhe renderia uma falha marcante em termos de presença pastoral:

> [...] a mulher foi se prostrar diante dele e disse: "Senhor, ajuda-me!". Ele respondeu de novo: "Não convém tomar o pão dos filhos e atirá-lo aos cachorrinhos". Ela replicou: "É verdade, Senhor! Pois justamente os cachorrinhos comem as migalhas que caem da mesa dos seus donos!". Então disse Jesus finalmente: "Ó mulher, é grande a tua fé! Que te seja feito o que desejas!". E sua filha ficou curada desde aquele instante. (Mt 15,25-28)

Essa é uma história chocante para aqueles que acreditam que a oração deve ser tão polida que chegam ao limite da desconfiança. Ainda mais chocante são as parábolas registradas por Lucas, histórias que parecem incentivar a falta de educação, até o comportamento ofensivo na oração. Orientandos que estão com medo de testar a paciência de Deus até o ponto da ruptura podem ser ajudados pelo exagero irônico de Lucas na história do juiz desonesto e da viúva persistente. Como a mulher cananeia proscrita que se recusa a deixar Jesus em paz até sua filha ser curada, a viúva não o deixa ir livremente. Por fim, o juiz cede:

> Durante muito tempo ele se recusou. Depois pensou: "Embora eu não tema a Deus nem respeite os homens, no entanto, como esta viúva me incomoda, vou fazer-lhe justiça, senão ela não para de me aborrecer!". (Lc 18,4-5)

Ser capaz de dizer o que de fato quer ou onde está sentindo a dor é um grande passo no sentido de ordenar a nossa casa espiritual. As pessoas vêm à orientação querendo muitas coisas, precisando delas, mas, ao contrário da impertinente viúva, têm medo de "incomodar" Deus e desconhecem o convite do Pai para fazer exatamente isso! Além disso, elas vêm até nós sem conhecer suas prioridades; na superabundância material e emocional da nossa cultura, foram estimuladas a gostar de e querer muitas coisas. Vêm na desordem de seus amores desordenados, sem saber ou talvez apenas sentindo suas necessidades de se despirem das camadas superficiais e articularem o que realmente querem: Deus. De certa forma, a orientação espiritual é uma discussão prolongada sobre os dois grandes mandamentos:

> Jesus respondeu: "Amarás o Senhor teu Deus de todo o teu coração, de toda a tua alma e de toda a tua mente. Este é o maior e o primeiro mandamento. O segundo é tão importante como o primeiro: Amarás a teu próximo como a ti mesmo. Nestes dois mandamentos se resume toda a Lei e os Profetas". (Mt 22,37-40)

Quando todas as camadas forem arrancadas, Deus é o que a pessoa orientada quer. Pode haver outros desejos legítimos louváveis – saúde física e mental, trabalho significativo, relações sólidas e estáveis – bem como outros amores e desejos menos louváveis mascarados de anseios piedosos: desejo de manipular e controlar, evitar o envolvimento responsável, postura espiritual enraizada em uma mistura catalítica de orgulho e ódio de si mesmo, para citar apenas alguns.

Jogando o lixo fora

Quando eu era estudante na Suíça, há décadas, tomar banho não era uma tarefa fácil: a água tinha que ser aquecida, e às vezes a senhora cobrava um extra pelo uso do combustível. Na casa onde eu morava, esse privilégio era livre, mas a banheira ficava em um porão num local externo e sem aquecimento. Então, quando visitei amigos que moravam em um apartamento moderno com água quente ilimitada, não havia dúvida de como eles poderiam entreter-me melhor: eles se retiravam cedo e me deixavam mergulhar e aproveitar. Agora gosto de pagar a dívida de sua hospitalidade: alguns dos meus hóspedes favoritos em Nova York são os jovens que viajam com mochilas e estão acostumados com o mínimo conforto de albergues e dormitórios. Depois de tê-los alimentado generosamente, eu me retiro mais cedo e deixo-os aproveitando o chuveiro quente e a máquina de lavar.

Ordem não é sinônimo de limpeza. As pessoas vêm à orientação sobrecarregadas com um senso de sua indignidade e feiura, remoendo vergonha e os próprios pecados. Um emaranhado! À medida que a história é contada, é tarefa do orientador separar os fios gentilmente, nunca minimizar a dor ou a responsabilidade de quem está sendo orientado pelas próprias ações e, em seguida, lidar com o lixo. Ali está a vergonha do dependente químico em recuperação, a sensação persistente de impureza que assombra o sobrevivente de incesto, a memória dolorosa de um aborto, a angústia de relacionamentos rompidos que não podem ser restaurados, a carga de pecados há muito esquecidos por todos, exceto pelo transgressor. Há uma grande variedade de lixo. Ele pode conter tesouros escondidos e quase sempre fornece um meio fértil para o crescimento, mesmo quando é desagradável e cheira mal.

Aqueles que vêm à orientação espiritual sobrecarregados com sua pecaminosidade chegam necessitando de limpeza e cura. Juliana de Norwich[5] compara a alma errante com uma criança teimosa que

---

5. Juliana de Norwich é uma mística inglesa, venerada tanto pela Igreja Católica como pela Comunhão Anglicana e pela Igreja Luterana. Ela viveu na Inglaterra aproximadamente entre 1342 e 1430. Papa Bento XVI fez um belo elogio da vida e obra

deve estar livre para correr e explorar o seu pequeno mundo, para que cresça até a maturidade, mas que inevitavelmente cai, rasgando suas roupas, machucando-se e sujando-se. Essa é uma imagem acolhedora e envolvente do pecador clamando, como Juliana coloca, não a um Deus castigador, mas a Cristo, como uma mãe amorosa. A mãe amorosa pega a criança, limpa e conforta-a, mantendo-a perto de si em seguida. À medida que ouvimos as histórias dos nossos orientandos, uma e outra vez, nós os escutamos dizer o equivalente do século XX das palavras de Juliana: "Minha mãe gentil, minha mãe graciosa, minha querida mãe, tende misericórdia de mim. Eu me tornei imundo e, ao contrário de você, não posso e não consigo fazer o que é certo sem a sua graça e ajuda"[6].

Estou impressionada com a sobreposição de orientação espiritual a confissão sacramental. Em ambas, é essencial que a história seja contada com franqueza, que pecados e falhas sejam identificados, que a pessoa orientada olhe para dentro de si com clareza. Santo Antão, no deserto, sabia da importância de reconhecermos e nomearmos os demônios. Essa exposição é salutar. Minha avó, vivendo antes do tempo dos antibióticos e praticando a medicina popular herdada de suas antepassadas rurais, sabia que a cura era promovida pela limpeza e, em seguida, pela exposição à luz e ao ar. Como orientadores espirituais, quer leigos ou ordenados, somos fornecedores de luz e de ar. Ouvimos confissões, histórias de dor e mágoas infligidas e recebidas, de mesquinhez e frieza de coração, de inumeráveis pequenos assassinatos. Alguns dos nossos orientandos podem retrair-se caso a sessão seja iniciada com um convite para uma confissão sacramental formal, mas, se demonstramos que identificamos seu sofrimento e gentilmente os convidamos a falar sobre isso, a sensação de alívio é quase palpável. Outros, que estão à vontade com o sacramento da reconciliação, podem utilizar a orientação espiritual, como forma de preparação para a confissão; ou, se o orientador é também o confessor, a

---

dessa mística anacoreta na Audiência Geral de quarta-feira, 1º de dezembro de 2010. (N. do T.)

6. NORWICH, JULIAN OF, *Showings*, New York, Paulist, 1978, 301. [Trad. bras.: *Revelações do Amor Divino*, São Paulo, Paulus, 2018. (N. do T.)]

celebração regular do sacramento pode ser incorporada ao tecido do relacionamento.

Percival[7], de Wolfram von Eschenbach, é uma parábola desse tipo de hospitalidade. O cavaleiro insensato viajou e buscou por anos, deixando, sem querer, feridas e destruição em seu rastro: sua mãe morreu de solidão e de coração partido; matou seu (não reconhecido) primo e, em seguida, espoliou o cadáver; trouxe degradação e sofrimento a uma mulher cujo marido não entendia sua desajeitada e assexuada maneira de abraçá-la. Mais seriamente, deixou a convenção social interpor-se no caminho da verdadeira compaixão, pois, quando viu o sofrimento excruciante do rei Graal, seu equivocado entendimento do comportamento cavalheiresco o impediu de fazer a pergunta salvadora: "O que há de errado? O que dói?".

Na Sexta-Feira Santa, o acaso ou a graça o levou ao eremita Trevrizent. O que aconteceu entre eles foi um modelo de hospitalidade e orientação espiritual, especialmente em seus aspectos purgativos e curativos. O ancião sabe que o jovem está sobrecarregado de raiva e culpa, que não tem autocompreensão, e que está tanto espiritual quanto fisicamente perdido em um deserto sem trilhas. No entanto, como bom orientador, é paciente, ajudando Percival a alimentar e estabilizar seu cavalo, convidando o jovem a aquecer-se no fogo escasso e compartilhando sua comida simples.

Por fim, Percival conta sua história, ou melhor, faz sua confissão, pois sua história é um longo relato de perambular longe de Deus. Trevrizent ouve gravemente, sem minimizar ou descartar nada. Então, em uma espécie de absolvição, diz a Percival: "Entregue-me seus pecados. Aos olhos de Deus, eu sou a garantia de sua expiação". Sentado em sua caverna fria, em uma floresta germânica, ele é um eco do norte do *Abba* Lot, o pai austero do deserto egípcio, que disse ao seu conturbado penitente: "Confesse-o para mim e eu o levarei comigo"[8].

---

7. Percival (Perceval, Parsifal) é um dos cavaleiros da Távola Redonda, conhecido, principalmente, pela participação na demanda do Santo Graal. (N. do T.)
8. ESCHENBACH, WOLFRAM VON, *Parzival*, trad. Helen M. Mustard and Charles E. Passage, New York, Vintage, 1961, 268; WARD, *Desert Christian*, 122.

Esse é, talvez, o último ato de hospitalidade, sintetizando a mutualidade generosa da relação de orientação. Como *Abba* Bessarião, o orientador sabe que também é um pecador: "Um irmão que pecou foi expulso de sua igreja pelo padre; *Abba* Bessarião levantou-se e foi ter com ele, dizendo: 'Eu também sou um pecador'"[9]. O orientador e a pessoa orientada estão unidos na glória e na pecaminosidade de sua humanidade; são membros de uma mesma família.

Quando ouvimos compassivamente com "a mente no coração", como Teófano, o Recluso, coloca, não podemos evitar que os pecados dos outros caiam sobre nós. Depois de um dia de escuta atenta, muitas vezes sinto-me pesada e cansada, com o estômago embrulhado e a cabeça doendo. Ajudou-me a entender minhas reações somáticas quando me lembrei do romancista-teólogo Charles Williams e sua teoria da "troca" e do "amor substitutivo". Ele levou muito a sério a exortação da carta de Paulo aos Gálatas 6,2: "Carregai os fardos uns dos outros e cumprireis assim a Lei de Cristo". E devia estar pensando em orientadores espirituais fatigados quando escreveu:

> A injunção de São Paulo é a respeito de atos como o "cumprir a lei de Cristo", isto é, de atos de substituição. Assumir a tristeza ou o medo ou a ansiedade do outro é justamente isso; e exatamente isso é menos praticado do que louvado...
> Aquele que dá deve se lembrar que dividiu sua carga, que está sendo carregado por outro, que sua parte é crer e ficar em paz [...] Aquele que toma deve preparar-se (mente, emoção e sensação) para a carga, para conhecê-la, imaginá-la, recebê-la, e, por vezes, para não ser pego de surpresa com a rapidez da graça divina e a leveza do fardo[10].

Ainda estou aprendendo minhas obrigações contratuais, e talvez seja lenta para deixar-me conduzir. Contudo, não posso acreditar que isso seja tão fácil como Williams sugere. A menos que experimente algum peso, como sei que aceitei um fardo? Há banalização e desonestidade espiritual em abrir-se à história do outro, mantendo os

---

9. Idem.
10. WILLIAMS, CHARLES, *He Came Down from Heaven*, London, William Heinemann, 1938, 123, 125.

dedos cruzados: "Vou deixá-lo tocar-me, até tocar-me profundamente, mas não por muito tempo". Por outro lado, posso aceitar o fardo não para carregá-lo e acolhê-lo como meu, mas, sim, para de imediato passá-lo adiante. Conforme Williams observa: "carregar a cruz pode ser leve, porque não é para a crucifixão"[11].

Nossa cultura muitas vezes é levada pelo profissionalismo a ser insensível à dor dos outros. Às vezes, isso é uma coisa boa: eu prefiro que meu cirurgião não me opere com os olhos cheios de lágrimas! No entanto, em algumas áreas, fomos longe demais, e, com as próprias feridas, nossos curadores negam a realidade do sofrimento dos outros. Orientadores espirituais não são profissionais, mas amadores que desejam refletir o amor de Cristo. Então, tomamos o pecado e a dor sobre nós mesmos não como grandiosa autopromoção, mas porque a assunção de tal carga é um dos riscos da hospitalidade.

Todavia, não devemos suportar esse fardo, arrastando cargas cada vez mais pesadas de dor e pecado, porque podemos aliviá-las em nossas orações, tanto as nossas quanto as de nossos orientandos. Podemos deixá-las em santo esquecimento, lembrando-nos de que Deus estava administrando bem antes que ingressássemos na empresa e continuará a fazê-lo depois de termos retornado ao pó. Podemos deixá-las ir em paz, usando todos os nossos mecanismos de refrigério e autorrestauração. Antes de tudo, porém, *devemos deixar-nos ser tocados*. A hospitalidade de Trevrizent não era sem valor, mesmo que as acomodações fossem mínimas e a comida, um punhado de ervas.

Como orientadores espirituais, temos a autoridade para assegurar aos nossos orientandos o amor e o perdão de Deus, e aqueles de nós que são ordenados podem dar-lhes a absolvição. Embora eu goste de saber o que estou fazendo e, portanto, prefira manter a orientação espiritual e a confissão sacramental como atos distintos, há momentos em que posso afirmar: "O que você acabou de me dizer é uma confissão. Estou convencida de que você está profundamente arrependido por essas coisas em seu passado, contrito de fato. Então, gostaria de oferecer-lhe a absolvição". Para aqueles a quem isso soe estranho, mesmo um pouco assustador, um breve ensinamento está de bom

---

11. Ibid., 124.

tamanho. Assim, quando terminamos nosso encontro com a absolvição e uma bênção, posso quase sentir o peso saindo dos ombros da pessoa orientada.

Às vezes é melhor sugerir que a pessoa orientada considere fazer uma confissão formal em um futuro próximo. Em uma ocasião, uma mulher me buscou para me contar sobre seu aborto, realizado havia décadas, quando era muito jovem. Na época, parecia pura culpabilidade, mas ela nunca tinha deixado de chorar secretamente sua criança que não nasceu. E ficou surpresa quando lhe falei de seu óbvio amor para com seu bebê; ela tinha visto apenas a sua culpa, não o amor entrelaçado nela. A mulher não estava acostumada a fazer confissão, então sugeri que lesse o rito da reconciliação no *Livro de Orações Comuns*[12], em especial no segundo formulário. Então, se ela concordasse e quisesse, poderíamos celebrar o sacramento juntas naquela noite. Assim fizemos, e nunca me senti tão certa de que houve alegria no céu quando nos abraçamos e disse-lhe para ir em paz, pois o Senhor a tinha libertado de todos os seus pecados.

Os orientadores leigos e os de tradições religiosas que não têm o sacramento da reconciliação precisam lembrar que todas as pessoas batizadas podem declarar o perdão de Deus para aqueles que estão verdadeiramente contritos. Em meu ministério no hospital, antes de ser ordenada, uma vez visitei uma mulher com uma cirurgia de grande porte marcada para a manhã seguinte. Ela me disse que era católica romana, mas que tinha feito sua confissão havia muito tempo. Quando me ofereci para chamar o capelão católico romano, ela respondeu com uma mistura de pânico e desespero: "Não, não, é tarde demais!". Nós nos sentamos juntas por um tempo e então eu indaguei: "Mas você quer dizer a Deus que está arrependida?". Ela não disse nada, mas caiu em meus braços e chorou. Depois de um momento, eu lhe assegurei o perdão do Senhor. Intercambiamos a paz e eu lhe desejei boa noite.

---

12. O *Livro de Orações Comuns* é um pequeno tomo de uma série de livros de orações usados na Igreja Anglicana e em outras igrejas oriundas dela, como a Episcopal, da qual a autora é presbítera. (N. do T.)

Partilhando a história

Para mim, a orientação espiritual é sempre um contar histórias. Não quero dizer que percorremos obstinadamente a vida da pessoa orientada, ano após ano e década após década. A história se desenrola ao longo do tempo, deslizando ou saltando do presente para o passado, do presente para o futuro. Sem a história, não há carne, nem sangue, nem especificidade. E acho que não importa onde começamos. É sempre uma história de uma viagem, sempre uma história sobre o relacionamento com Deus: pouco importa se a pessoa orientada está fugindo do guardião do céu, ou perdida, ou ansiando por algo, ou vivendo entre os porcos e comendo sua lavagem.

A tarefa do orientador é ajudar a conectar a história pessoal com *a* História e, assim, ajudar a pessoa orientada a reconhecer e afirmar sua identidade em Cristo, discernir a ação do Espírito Santo. Há um dedo de Deus em toda experiência humana, mesmo em vidas que parecem cheias de dor e distantes do Pai. Um sentimento de ausência de Deus ou remorso diante da própria falta de atenção à presença dele pode ser uma terra fértil para o início da orientação. Mesmo quando a história é estruturada, inclui fragmentos da história do passado, do presente e do futuro.

Mesmo quando as primeiras etapas da vida de alguém não foram marcadas por extraordinário sofrimento e patologia, a história dessas etapas será importante se quisermos obter um conhecimento básico de toda a pessoa. O lugar que ocupa entre os irmãos, etnia e as recordações do aconchego familiar (ou falta dele), tudo contribui, dá cor e forma ao conjunto. Sempre gosto de explorar a consciência inicial que as pessoas tiveram de Deus, que muitas vezes é bastante distinta do grau de observância religiosa de suas famílias. Para muitos, a orientação espiritual é a primeira oportunidade de colocar essa experiência em palavras.

Como da história presente de vida, é absurdo falar da "oração" como uma abstração; ela deve estar sempre conectada com a vida "real" da pessoa orientada. Isso não significa que não deve haver nenhuma conversa sobre a oração como tal, pois as pessoas vêm até nós em busca de ajuda prática para encontrar as formas e os ritmos de oração mais proveitosos para elas. No entanto, fico nervosa com os que querem falar *apenas* de oração, e, nesses casos, sinto-me livre para fazer perguntas: Poderia me falar sobre seu trabalho, sua família, seus amigos, sua saúde? Onde está a sua comunidade cristã? O que você faz para se divertir? Muitas vezes, descubro que as preocupações profundas foram deixadas de lado como não suficientemente elevadas para serem tratadas nesse ambiente. Um casamento deteriorado, um filho adolescente que caiu nas drogas, ou o trabalho cotidiano que endurece a alma são questões espirituais e, como tais, parte crucial da história.

Essa história deve chegar ao futuro. A orientação espiritual deve promover a esperança, e há sempre um próximo passo. Um de meus mentores mais úteis na missão de ajudar orientandos a discernir o próximo passo é o Sr. Dick, inquilino da excêntrica tia Betsey em *David Copperfield*, de Charles Dickens. Hoje em dia, ele seria classificado como "alienado", mas Dickens o apresenta como ingênuo, amoroso e firmemente enraizado na realidade. Inúmeras vezes, a tia Betsey vai ao Sr. Dick para pedir conselhos em situações complicadas; seu conselho é sempre compassivo e prático, indo direto ao cerne da questão. Diante de uma criança suja, faminta, fugitiva e exausta, Sr. Dick está alegremente inconsciente das complexidades legais e familiares.

> "Bem, então", voltou a minha tia... "Aqui você vê o jovem David Copperfield, e a pergunta que faço a você é: 'O que devo fazer com ele?'".
> "O que você deve fazer com ele?", disse Dick baixinho, coçando a cabeça. "Oh! Fazer com ele?"
> "Sim", disse minha tia com um olhar grave, e seu dedo indicador levantado. "Veja, eu quero alguns conselhos muito profundos."
> "Ora, se eu fosse você", disse Dick, considerando e olhando vagamente para mim, "eu deveria..." A contemplação que fazia de mim parecia inspirá-lo com uma ideia repentina, e acrescentou rapidamente: "Eu deveria lavá-lo!"[13]

---

13. DICKENS, CHARLES, *David Copperfield*, London, Thomas Nelson and Sons, n.d., 203. [Trad. bras.: DICKENS, CHARLES, *David Copperfield*, São Paulo, Paulinas, 1962. (N. do T.)]

Da mesma forma, quando aquela criança se torna um membro permanente dessa estranha família, o Sr. Dick não imagina problemas, especulando sobre possíveis situações em um futuro distante, mas sugere com grande praticidade: "Veja em qual destas roupas ele cabe". É raro que nossos orientandos precisem de uma lavagem literal ou de roupas, mas seus próximos passos, a serem dados com esperança, são muitas vezes tão pequenos e simples como os conselhos oferecidos pelo Sr. Dick. A viagem não é para ser concluída em um dia, e o caminho que conduz ao seu fim é sinuoso e invisível, mas podemos ajudá-los a ver os próximos pequenos passos, muitas vezes surpreendentemente simples.

Se a orientação espiritual trata de esperança, também lida com a morte. Quando deixei o ensino secular a fim de me preparar para a ordenação presbiteral, senti-me chamada a trabalhar com os moribundos. A experiência prática no hospital e com idosos fragilizados em uma casa de repouso confirmou meus dons para este ministério. Enquanto eram emocional e espiritualmente exigidos, frutificavam além de todas as minhas expectativas. Deve ser um sinal do gracioso (e irônico) humor de Deus que eu já não percorra corredores escuros e vazios no meio da noite ou assista à redução da força física e veja mentes outrora esclarecidas obscurecerem com a idade. De início, eu estava decepcionada por trocar o trabalho com pessoas transpondo o limiar da vida por este ofício tranquilo e meticuloso de sentar e ouvi-las, até que percebi que ainda estava trabalhando com os moribundos. Já não está na moda falar sobre a preparação para uma "boa morte", mas é sobre isso que a orientação espiritual trata. A jornada tem um fim e nossa morte física é um dos seus marcos. Mesmo quando isso não está articulado de maneira clara, as pessoas vêm para a orientação espiritual às voltas com questões relativas à própria mortalidade. Podemos ajudá-las nesse tema quando exploramos a história do futuro.

Autorrevelação

Contar histórias, como já observado, não é uma atividade solitária: orientadores espirituais são principalmente ouvintes, mas também naturais participantes. Às vezes, essa participação parece passiva, consistindo principalmente em manter-se quieto e fora do caminho; atencioso, mas não de forma dominadora; contudo, os orientadores não devem temer a autorrevelação que ocorre ao se juntar à conversa. Pode não ser mais do que reconhecer as próprias dificuldades na fidelidade à oração ou a falha puramente humana de cair em expectativas irreais. Os orientandos tendem a estabelecer padrões muito elevados para si mesmos e esperam, em seu novo estado de autoconsciência, que não fiquem impacientes nem sucumbam à maldade mesquinha. A humanidade compartilhada de um orientador espiritual pode ser um valioso corretivo a essa expectativa.

Essa disposição à autorrevelação é uma das principais distinções entre a orientação espiritual e a psicoterapia, em que a mutualidade da primeira é uma característica essencial da relação. Quem faz a orientação deve estar sempre ciente de que também faz parte daquela viagem; não é uma autoridade nem uma massa amorfa. Autorrevelação séria é uma maneira de permanecermos humanos e com os pés no chão, embora deva ser intencional e criteriosa; caso contrário, a sessão de orientação vai se tornar um simples bate-papo agradável. Assim, pergunto-me: "Por que estou fazendo isto? Será que vai ajudar a pessoa orientada? Ou será que a minha autorrevelação será prejudicial, uma apropriação de tempo, atenção e energia que, com razão, pertencem à pessoa sentada à minha frente?".

A maioria dos meus orientandos sabe que sou casada e que tenho filhos criados, mas tento evitar a troca de anedotas familiares. Todos sabem que sou presbítera. Eles podem descobrir a minha idade aproximada, olhando para mim, ou conhecê-la ao consultar o diretório clerical. Ocasionalmente, vão querer saber mais, e há momentos em que ouvir algumas das histórias do orientador é um incentivo, uma garantia e um lembrete de que estamos viajando pela mesma estrada. Assim, em encontros iniciais, eu tenho uma prática de perguntar se há alguma coisa sobre mim que a pessoa orientada gostaria de saber. As perguntas mais comuns nesse momento são: "O que lhe trouxe aqui? Como você começou a fazer este trabalho?". À medida que o relacionamento se desenvolve e já foi estabelecido um nível de conforto mútuo, o orientando costuma ser capaz de tomar a iniciativa de fazer perguntas, tais como: "Você já se sentiu assim? Será que isso já aconteceu com você?". Tacitamente, tenho permitido ser desafiada e sondada na medida em que tal partilha de experiências é útil a quem estou orientando. É um assunto delicado e perigoso, pois posso usar aquela pessoa para alimentar o meu ego. Por exemplo, devo ter um cuidado especial com Joana, que está sempre pronta para atribuir-me sabedoria e compaixão além dos meus devaneios mais extravagantes. Sei que corro perigo de sedução, por mais amorosa e inconsciente que seja a intenção da pessoa; por isso, resisto ao convite para falar muito sobre mim mesma.

Quando participo ativamente da narrativa, seja por convite ou movida por minha intuição, o sentimento de solidariedade torna-se maior. Estamos unidos em nossa pecaminosidade, nosso batismo, e nos pontos em comum das nossas viagens. Não preciso dizer muito, apenas algumas palavras para ajudar a fazer as conexões. Assim, para Penny, mãe de um adolescente perturbado e perturbador, comentei: "Ser mãe pode ser um trabalho doloroso. Todas as mães têm pelo menos alguma ideia do que você está passando". Penny não tinha necessidade de ouvir detalhes da minha vida como mãe de adolescentes (agora felizmente adultos), mas isso a ajudou a saber que nós compartilhamos essa experiência específica.

A cuidadosa autorrevelação do orientador ajuda também a lidar com projeção e transferência. Não diferente de todos os seres humanos, os orientandos veem o que querem ver e, portanto, atribuem-nos graus impossíveis de santidade e sabedoria. Como Joana, que prefere ouvir sobre mim a falar a respeito de si mesma, eles não estão dispostos a deixar-nos ser nós mesmos: meros seres humanos capazes de pecar e de ser mesquinhos. Em vez disso, estão prontos, na verdade ansiosos, para nos elevar às grandes alturas da sabedoria e santidade; podemos cair nessa inflação espiritual ou aplicar um corretivo necessário. Particularmente nos primeiros estágios do relacionamento, em especial com aqueles para os quais a experiência da orientação espiritual é nova, corremos o risco de ser colocados em um pedestal. Podemos neutralizar isso pelo que escolhemos revelar sobre nós mesmos: nossa fraqueza na oração; nossa tendência à preguiça, impaciência ou ganância; nossos momentos de aridez. Não devemos distorcer o foco da relação e sobrecarregar a pessoa orientada com nossos defeitos, mas com cuidado e brandura podemos tentar comunicar-lhe que não temos poderes mágicos, nem uma linha direta com o ouvido de Deus. Somos apenas companheiros de viagem em posições diferentes na estrada, talvez, mas também falíveis e normais.

Nós nos revelamos não somente em palavras. Quem quer que venha a meu escritório saberá que amo reproduções de ícones, que minha estante de livros é eclética, que apoio a ordenação de mulheres ao episcopado (um painel de tecido roxo-real, recebido de amigas inglesas, colado na parte interior da porta, proclama isso) e que gosto das rochas do meu amado rio Virgínia e de flores frescas da loja da esquina. Também nos revelamos pelo modo de nos vestir. Este é mais um problema para os orientadores que são clérigos ou membros de ordens religiosas, pois uma camisa preta com colarinho clerical branco ou um hábito traz consigo uma mensagem poderosa de autoridade e hierarquia. Às vezes isso é útil: alguns orientandos querem ter certeza de que estão se confiando a alguém competente e o traje clerical pode ser tranquilizador. Isso também despersonaliza a situação, na medida em que a pessoa responsável pela orientação se apresenta como "sacerdote" ou "religioso", e não como "homem" ou "mulher". Isso pode ser um tiro pela culatra, quando, como frequentemente ocorre e de forma bastante ingênua, a pessoa orientada confunde intimidade com Deus com intimidade humana. Alimentar essas projeções românticas a respeito de quem se consagrou a Deus e usa trajes específicos, como camisa clerical ou hábito religioso, é um entrave ao crescimento espiritual.

Logo, tenho muito cuidado com o que visto. Algumas pessoas sentem-se mais confortáveis falando com um presbítero claramente identificado, em especial quando ainda estão testando nosso relacionamento ou lidando com material doloroso ou vergonhoso. Outras estão superimpressionadas com aparências e têm dificuldade em descer à realidade. Se o orientador está formalmente vestido, elas parecem pensar: "É apropriado falar apenas sobre a oração no sentido mais restrito e evitar qualquer linguagem 'imprópria' ou emotiva". Assim, é útil transformar-se, pelo menos parte do tempo, usando um vestido ou terno simples; não tenho ido tão longe como usar calça jeans e uma camiseta, mas posso imaginar situações em que tal informalidade seria libertadora.

Sempre sou surpreendida com quanto riso compartilhado existe na orientação espiritual. No início, eu tinha certeza de que estava fazendo algo errado; afinal de contas, a orientação espiritual é um negócio sério, e decerto o riso não teria lugar nela. No entanto, repetidamente, encontro-me rindo *com* os orientandos, nunca deles. É uma pena que não haja nenhuma referência nos Evangelhos à risada de nosso Senhor! Humor fino e oportuno é apropriado para restaurar a perspectiva ou reduzir nossos egos inflados a proporções gerenciáveis. O riso nos torna e mantém mais parecidos com crianças.

Também compartilhamos lágrimas. Não choro com facilidade, em especial na presença de outros, mas há momentos na orientação espiritual em que as palavras não se aplicam e, para meu espanto inicial, sinto as lágrimas inundarem meus olhos. Isso aconteceu no meu trabalho com Linda, uma sobrevivente de anos de abuso incestuoso. Mais de uma vez, enquanto ela compartilhava os detalhes de sua dor inimaginável e degradação, eu ficava sem palavras. Não *havia* palavras que não fossem pequenas demais, que de alguma forma não desonrassem sua experiência. Por um tempo, tentei lidar com minhas lágrimas disfarçadamente: afinal de contas, não parecia ser um comportamento profissional! Assim, gostava de apoiar o queixo em minha mão, em uma postura de intensa escuta e, em seguida, deixava que caíssem discretas gotas de lágrimas.

Anos se passaram, e agora Linda chegou a um patamar de graça e esperança. Há não muito tempo, ela me disse: "Eu não consigo te dizer o quanto significou para mim as vezes que você chorou comigo". Ainda mais por minha atitude ocasional de estudadamente enxugar minhas lágrimas! De maneira alguma recomendo chorar como um artifício, nem sugiro que os orientadores se treinem para chorar nesses momentos, mas a importância da emoção compartilhada, da empatia e compaixão não pode ser subestimada.

O fato de ter a alma de alguém confiada a mim, de ser autorizada a entrar em sua história, por mais estratificada e complicada que seja, é impressionante. Felizmente, há ainda uma outra surpresa para o orientador espiritual. Como Sara assando os bolos ou o servo não identificado preparando o bezerro, o orientador espiritual é uma figura necessária, mas secundária na oferta de hospitalidade. Sem aviso, a função de anfitrião, do Doador de Hospitalidade, é assumida pelo Pai! Isso não deveria ser surpreendente, pois os Evangelhos oferecem precedentes: Jesus tinha o costume de preparar a mesa de jantar. Assim, também no ministério da orientação espiritual (quando tudo for dito e feito de nossa parte) o Espírito Santo é o verdadeiro orientador. Acho isso tranquilizador quando me sinto vencida pela ansiedade do desempenho. Será que serei sábia? Será que serei suficientemente santa ou pelo menos aparecerei dessa maneira? Será que farei pelo menos um trabalho decente? No entanto, se estou pronta a ceder meu lugar ao verdadeiro anfitrião, o peso da responsabilidade desaparece e o espaço que preparei torna-se gracioso e santo.

Capítulo dois

Bons mestres

> Jesus estava saindo para uma viagem, quando chegou um homem que se ajoelhou diante dele e perguntou: "Bom Mestre, que devo fazer para conseguir a vida eterna?". Jesus lhe respondeu: "Por que me chamas de bom? Ninguém é bom senão Deus. Conheceis os mandamentos: Não mates, não cometas adultério, não furtes, não levantes falsas acusações, não prejudiques a ninguém, honra teu pai e tua mãe".
> Ele então lhe disse: "Mestre, tenho observado tudo isso desde minha adolescência". Jesus olhou para ele atentamente e sentiu afeto por ele. Por isso lhe declarou: "Uma coisa te falta: vai, vende tudo quanto tens e dá aos pobres, e, então, terás um tesouro no céu. Depois vem e segue-me". Mas, a esta palavra, seu rosto ficou sombrio. E retirou-se triste, porque tinha muitos bens.
>
> (Mc 10,17-22)

De vez em quando, ando com um membro daquela espécie de taxistas filósofos nova-iorquinos em extinção, homens experientes com dons de discernimento, que me perguntam: "Você é professora, certo, senhora?". E eu tenho que dizer: "Sim, eu sou", enquanto me pergunto o que me delatou. Eu sou muitas outras coisas: presbítera, esposa, mãe, administradora, médica leiga[1], limpadora de pisos, lavadora de roupas. No entanto, minha identidade de professora está ligada a mim desde muito tempo, e é uma identidade verdadeira, inextricavelmente conectada à minha identidade sacerdotal.

Eu tinha cerca de seis anos quando a necessidade pedagógica me dominou. Eu havia acabado de aprender a ler e mal podia esperar para transmitir minhas novas habilidades à minha melhor amiga,

---

1. Uma "médica leiga" é uma pessoa com conhecimentos básicos de saúde que serve a uma comunidade em que o acesso ao tratamento/cuidado médico formal é muito difícil. É aquela pessoa a quem todos da comunidade buscam para socorro imediato em casos de doença até que cheguem os profissionais de saúde. É muito comum em vilas africanas. Geralmente, quem exerce esse papel de "médico leigo" é um missionário. (N. do T.)

Peggy, que era dois anos mais nova e menor do que eu; portanto, "brincávamos de escola" interminavelmente. As coisas não mudaram muito. Permaneceu comigo a empolgação ao compartilhar o que foi aprendido na exploração e descoberta mútua, mas o que *mudou* é que já não sou autoritária. Embora a maior parte da minha vida profissional tenha sido passada na sala de aula da faculdade, minha experiência tem sido variada. Fui professora de inglês de estudantes estrangeiros; de humanidades para adolescentes abandonados em uma escola preparatória para a faculdade; e de literatura inglesa para meninas grávidas do Ensino Médio na época em que elas buscavam refúgio nos lares Florence Crittenton[2]. (Todos nós choramos quando David Copperfield ficou órfão.) Por fim, ministrei um curso noturno de alemão técnico para uma sala cheia de engenheiros elétricos, com alguns químicos incluídos, o que foi um exercício de apoio mútuo, se é que houve um.

Quando comecei a formação para a ordenação presbiteral, pensei que estava mudando a pele da minha identidade de professora e "desistindo" de uma vida que amava. Como presbítera, imaginei-me trabalhando em uma paróquia ou talvez em uma capelania. Ironicamente, eu me encontro de volta à sala de aula e me alegro por estar lá. Toda a experiência anterior contribuiu para meu trabalho e ministério atuais e estou cercada por uma nuvem de testemunhas. Peggy sentada pacientemente na parte mais baixa da varanda, enquanto eu a treinava na tabuada de três, os educados homens de negócios japoneses a quem eu tentei demonstrar a diferença entre "L" e "R", e todas aquelas salas de aula de estudantes de alemão que não conseguiam entender meu entusiasmo por terminações em adjetivos ou a diferença entre dativo e acusativo. Sei que, pelo menos em parte, sou presbítera porque sou professora, que meus anos como docente foram de preparação e que nada foi desperdiçado ou perdido.

Ainda passo um tempo considerável em salas de aula, enquanto os currículos e as listas de chamadas ainda tomam pelo menos parte

---

2. Trata-se da Missão Nacional Florence Crittenton, instituição criada no final do século XIX por Charles N. Crittenton com o objetivo de abrigar e oferecer algum treinamento profissional a prostitutas e mulheres grávidas abandonadas. (N. do T.)

da minha atenção. Cada vez mais, porém, estou ciente de que sou mais plenamente uma professora quando me encontro com alguém que deseja receber orientação espiritual. Cada vez mais também estou ciente de que o que eu ensino não se encaixa em descrições de catálogos de cursos e que meu trabalho é muito mais complexo e sutil do que a mera transmissão de informações. É verdade que as pessoas buscam, em determinadas ocasiões, orientação espiritual quando poderiam assistir a uma aula discursiva ou ler um livro teológico. Posso afirmar sem me desculpar que a curiosidade intelectual sobre a fé é mais bem satisfeita em outro lugar. Tampouco ensino métodos de oração, embora esteja pronta para ajudar aqueles que oriento a encontrar as formas e os ritmos de oração que lhes são mais produtivos.

Então, o que um orientador espiritual ensina? Em termos mais simples e também mais profundos, o orientador espiritual é ao mesmo tempo um aprendiz e um professor de discernimento. O que está acontecendo? Onde está Deus na vida dessa pessoa? Qual é a história de vida dessa pessoa e onde essa trajetória pessoal se encaixa em nossa história cristã comunitária? Como o Espírito Santo está agindo na vida dela? O que está faltando?

O primeiro passo para o discernimento é a percepção. A pessoa que faz a orientação está profundamente atenta a quem está sentado no espaço sagrado; aberta e permeável a tudo o que é dito e não dito, revelado e oculto. Mais importante ainda, pelo exemplo e pela interpretação ajuizada, ela ajuda a pessoa orientada a crescer igualmente em abertura e atenção. Juntas, elas olham, ouvem e esperam. O trabalho da percepção não é fácil nem automático: em geral, vemos o que queremos ou esperamos ver. Quando buscamos discernir a ação do Espírito Santo em nossa vida, esperamos o dramático, até mesmo o espetacular. Nisso, nos assemelhamos a Naamã, o leproso, um poderoso general que viajou da Síria para buscar a cura do profeta Eliseu. Eliseu não o encontrou pessoalmente, mas enviou um mensageiro para lhe dizer que se lavasse no rio Jordão. Indignado com a simplicidade prática do tratamento proposto, Naamã exclamou, irritado:

> Pensei comigo: ele sairá, apresentar-se-á e invocará o nome de Javé, seu Deus, e tocará com sua mão o lugar da lepra, curando-me

então! Os rios de Damasco, o Abna e o Farfar, não são melhores que todas as águas de Israel? Não posso lavar-me lá e ficar limpo? (2Rs 5,11-12).

Da mesma forma, uma pessoa que orientamos pode ser rápida em rejeitar o que é caseiro, comum e próximo. Aqui, o orientador pode servir de guia e mestre, apontando delicadamente os sinais que ao mesmo tempo estão ocultos e são óbvios.

O segundo passo no trabalho de discernimento é o julgamento: o que fazemos com a percepção? Quais são as próximas etapas para lidar com o *insight* que surgiu? É importante se concentrar nas *próximas* etapas, apesar da tentação de operar em uma escala maior. É humano querer esperar as melhores condições: começarei a rezar na Quaresma ou depois de ter feito este exame ou talvez quando estiver totalmente recuperado deste resfriado. Colocarei minha vida espiritual em ordem assim que as coisas se acertarem no escritório. Voltarei a pensar em Deus assim que o bebê dormir a noite toda, ou for para o jardim de infância, ou tirar sua carteira de motorista. Um dos principais ensinamentos que o orientador pode oferecer, e oferecer repetidamente, é o valor do momento presente. Os frutos do discernimento podem ser apreciados em um futuro distante, mas o material da percepção e o julgamento correspondente podem ser encontrados aqui e agora, na vida cotidiana da pessoa orientada.

A tarefa de quem orienta é dupla: deve-se ser capaz de discernimento, de se colocar fora do caminho e estar totalmente presente para a pessoa que está sentada em frente a ele. Ao mesmo tempo, por meio de encorajamento e exemplo, ajuda a pessoa orientada a desenvolver e confiar no próprio discernimento. Isso significa que ela deve ser capaz de olhar para si mesma, abandonar suas defesas e enfrentar questões difíceis. Pode ser mais confortável e consideravelmente mais fácil ignorar o que o Espírito Santo está fazendo.

Em *To Know as We Are Known: The Spirituality of Education*, Parker Palmer de fato escreve sobre educação, mas muito do que ele diz se aplica ao relacionamento de orientação espiritual. Pegando seu comentário de 1 Coríntios 13,12: "Agora vemos por espelho, de maneira confusa, mas então será face a face. Agora conheço de modo imperfeito, mas então conhecerei como sou conhecido", Palmer está preocupado, em especial, em superar a lacuna entre sujeito e objeto, o conhecedor e o conhecido. Ele observa a conexão etimológica entre *verdade* e *intimidade*, e estados.

Conhecer algo ou alguém na verdade é entrar em intimidade com o conhecido, reunir com um novo saber aquilo que nossa mente separou. Saber de verdade é ficar noivo, envolver o conhecido com todo o nosso ser, um compromisso que se inicia com atenção, cuidado e boa vontade. Saber de verdade é permitir que você também seja conhecido, ser vulnerável aos desafios e mudanças que qualquer relacionamento verdadeiro acarreta. Saber de verdade é entrar na vida daquilo que conhecemos e permitir que ele entre na nossa. O saber verdadeiro casa o conhecedor com o conhecido; mesmo na separação, os dois se tornam parte da vida e do destino um do outro[3].

Saber de verdade, então, é permitir que o próprio ser seja conhecido. Essa é a verdade que se encarnou em Jesus Cristo, uma verdade conhecida não em abstração, mas em relacionamento. O compromisso compartilhado com a verdade garante que a relação de orientação espiritual seja de verdadeira reciprocidade, pois tanto o orientador quanto a pessoa orientada devem se permitir ser conhecidos. Isso marca uma das principais diferenças entre orientação espiritual e psicoterapia. Quem orienta deve se dispor a ser conhecido não apenas por suas credenciais, afiliações e títulos, mas por sua vulnerabilidade e limitações como filho de Deus.

Da mesma forma, a pessoa orientada deve estar disposta a ser conhecida, a deixar de lado suas máscaras uma a uma, por mais belas e úteis que sejam. Apesar de todas as boas intenções, esse não é um trabalho fácil. A orientação espiritual atrai um número desproporcional de pessoas introvertidas, que requerem muito tempo e paciência para atingir o nível de confiança necessário para a autorrevelação. Certa vez, um amigo comparou o trabalho com elas a persuadir um cervo a sair da floresta: você o observa espiando por entre as árvores,

---

3. PALMER, PARKER, *To Know as We Are Known: A Spirituality of Education*. San Francisco, Harper & Row, 1983, 31. [Trad. bras.: *Conhecer como somos conhecidos: a educação como jornada espiritual*, Piracicaba, UNIMEP, 1993. (N. do T.)]

ocasionalmente se aventurando no prado, mas um movimento repentino de sua parte pode enviá-lo correndo de volta para a floresta. No entanto, somente nos deixando ser conhecidos uns pelos outros e pelo nosso ser mais profundo podemos ter a certeza de que somos conhecidos por Deus. Se esse trabalho interno for feito na orientação espiritual, terá um efeito positivo na relação da pessoa orientada com o resto da criação. Quando ela se permitir ser conhecida por si mesma, pelo outro e por Deus, estará ciente da teia de relações que a conecta a toda a criação.

O grande modelo: Jesus, o Mestre

O grande modelo para todos os professores, e certamente para todos os professores que são orientadores espirituais, é o próprio Jesus. Nos quatro Evangelhos, há mais de quarenta referências a ele como mestre, e apenas as folhear é um exercício esclarecedor. Aprendemos que ele ensinava "como detentor de autoridade" (Mt 7,29) ou "ensinava como quem tem autoridade" (Mc 1,22). Sabemos que às vezes seus ensinamentos eram dolorosos, dificilmente sendo recebidos por seus ouvintes como boas novas. "Ele começou a lhes ensinar que o Filho do homem deveria sofrer muito, ser rejeitado pelos anciãos, pelos sacerdotes-chefes e escribas, ser entregue à morte, mas ressuscitar depois de três dias" (Mc 8,31). Observe o ritmo do seu ensino: Jesus ensinava nos lugares "corretos" e previsíveis, como o templo e a sinagoga, mas também ensinava à mesa do jantar e ao longo da estrada. Seus métodos eram variados: histórias, parábolas, perguntas difíceis, provérbios do tipo *koan*[4] e pronunciamentos oficiais; e ele também usava recursos visuais. Quando os fariseus tentaram pegar Jesus com uma armadilha, em uma discussão sobre a legalidade de pagar impostos a César, ele pediu que lhe mostrassem uma moeda.

> [...] "Mostrai-me a moeda do imposto". Eles lhe apresentaram uma moeda de prata. Perguntou-lhes: "De quem é esta imagem e esta

---

4. Trata-se de enunciados que os mestres do zen-budismo apresentam aos discípulos para que compreendam algo além da lógica e da razão fundamentadas numa compreensão condicionada sobre as coisas. (N. do T.)

inscrição?". Responderam-lhe: "De César". Ao que ele lhes disse: "Dai, pois, a César o que é de César, e a Deus o que é de Deus". Ouvindo isto, ficaram tomados de admiração. Eles o deixaram e foram embora. (Mt 22,19-21)

A simplicidade e a concretude de sua resposta eliminaram todas as complicações. Quando seus questionadores ouviram aquilo, "maravilharam-se" e partiram.

Jesus ensinou também por vias indiretas e pelo silêncio, mais notavelmente na história da mulher apanhada em adultério, quando sua estudada desatenção deve ter enfurecido aqueles que desejavam pegá-lo em erro teológico ou jurídico:

> Os escribas e os fariseus trouxeram uma mulher surpreendida em adultério, e a colocaram no meio de todos e disseram a Jesus: "Mestre, esta mulher foi surpreendida em flagrante adultério. Moisés, na Lei, manda apedrejar estas mulheres. Que dizes tu?". E assim lhe falavam com intenção de lhe armarem uma cilada para terem de que acusá-lo. Mas Jesus se inclinou, e começou a escrever no chão com o dedo. Eles insistiam na pergunta. Então, ele se reergueu e disse: "Quem dentre vós estiver sem pecado, atire a primeira pedra". E, inclinando-se de novo, continuou a escrever na terra. Ouvindo aquilo, afastaram-se, um depois do outro. (Jo 8,3-9)

O jargão atual diria que ele se recusou a "ser fisgado". Decerto, por seu silêncio, Jesus forçou seus questionadores a parar de jogar, a abandonar tanto os trocadilhos legais quanto o desejo de violência, e a olhar para dentro de si mesmos.

Nos Evangelhos, aprendemos que ensinar é uma atividade perigosa: enquanto Pilatos não encontra nenhum crime em Jesus, seus acusadores "insistiam mais ainda: 'Este homem agita o povo, ensinando por toda a Judeia, desde a Galileia, onde começou, até aqui'" (Lc 23,4-5). O ensino de Jesus é claramente subversivo, como todo trabalho transformador; é um bom ponto a ser mantido em mente por todos os que empreendem o arriscado trabalho da orientação espiritual.

Quando Jesus é chamado de "mestre" por aqueles especialmente próximos a ele, há no discurso um sabor especial de intimidade mesclada com deferência. No relato de Lucas, portanto, sobre sua unção pela "mulher da cidade, que era uma pecadora", Jesus reconhece a crítica não expressa na mente de seu anfitrião e diz: "Simão, tenho algo a lhe dizer". Quando o fariseu responde: "O que é, mestre?", ele continua, citando um caso hipotético, retirado do mundo do comércio e, portanto, muito distante da cena carregada de emoção e perceptual diante deles. Ele convida Simão, um homem prático, a resolver um problema:

> "Um credor tinha dois devedores: um lhe devia quinhentas moedas de prata e outro, cinquenta. Como eles não tinham com que pagar, perdoou-lhes a dívida. Qual deles, então, vai amá-lo mais?". Simão respondeu: "Creio que será aquele a quem mais perdoou". Jesus disse: "Julgaste bem!". (Lc 7,41-43)

À primeira vista, parece que Jesus está ensinando seu anfitrião sobre a mulher: seu direito de estar presente, de se aproximar de Jesus, de receber perdão, mas então ele muda o foco para Simão.

> E, voltando-se para a mulher, disse a Simão: "Estás vendo esta mulher? Entrei em tua casa e não me deste água para os pés. Ela, pelo contrário, regou-me os pés com suas lágrimas e enxugou-os com seus cabelos. Tu não me deste o beijo de costume. E desde que entrei ela não para de beijar-me os pés. Não derramaste perfume sobre a minha cabeça. E ela derramou um perfume caríssimo sobre meus pés. Por isso te digo: seus numerosos pecados lhe foram perdoados, já que mostrou muito amor. Mas aquele a quem pouco se perdoa, pouco ama". (Lc 7,44-47)

Quando Jesus pergunta: "Você vê esta mulher?", é realmente um comando: "Olhe para si mesmo". Essa é de fato uma história de orientação espiritual, com a relação claramente definida. Simão, o anfitrião poderoso e rico, espera ouvir a verdade de seu mestre, e a reprovação de Jesus combina firmeza com afeto.

Como orientadores espirituais, ainda encontramos os descendentes de Simão. São pessoas de bom gosto que seguem as regras. À sua maneira, como Simão, elas são generosas e abertas a Deus. (O fariseu, afinal, convidou Jesus para comer com ele.) No entanto, da mesma forma que Simão, elas não podem acreditar que Deus possa ser culpado de mau gosto ou mau julgamento. Com Simão, elas pensam: "Se este homem fosse profeta, saberia quem é a mulher que está tocando nele: é uma pecadora" (Lc 7,39). Como um bom mestre, Jesus o leva ao discernimento, a uma compreensão clara das próprias percepções e de julgamentos distorcidos.

Temos outro vislumbre de Jesus como mestre em seu relacionamento com Maria de Betânia. No relato de Lucas 10,38-41, ela se senta aos pés dele e ouve seus ensinamentos. Essa não é uma posição de subserviência, mas, sim, a postura da aluna ou discípula. Muita coisa não foi dita nessa breve passagem, mas a profundidade da intimidade espiritual é clara. Pego-me querendo saber mais, dar corpo à história e aprender as particularidades do ensino de Jesus e do aprendizado dela aos pés dele. No mínimo, é um convite, particularmente às mulheres, a reivindicar uma postura de receptividade e aprendizagem e a se abrir ao trabalho de discernimento.

Um paradigma ainda mais rico de orientação espiritual como ensino é visto no encontro de Jesus com a mulher samaritana junto ao poço. Em muitos aspectos, ela é o oposto de Simão, o fariseu. Como mulher e samaritana, é relegada à margem da sociedade, uma pessoa descartável. No entanto, Jesus inicia uma conversa com ela, começando com um pedido prático e realista de um copo de água e, em seguida, passa logo do físico para o espiritual. Jesus lhe disse:

> "[...] Quem bebe desta água terá sede novamente; mas quem beber da água que eu lhe der nunca mais terá sede: porque a água que eu lhe der, nele se tornará em fonte de água corrente, para a vida eterna".
> A mulher lhe suplicou: "Senhor, dá-me dessa água, para que eu não tenha mais sede e não tenha mais de vir aqui buscá-la".
> (Jo 4,13-15)

Mais uma vez, o objetivo do ensino é o autoconhecimento. Jesus ajuda a mulher a se olhar profundamente e a descobrir sua sede de Deus.

Ele a surpreende com seu conhecimento da vida sexual dela; uma área pessoal, privada e potencialmente vergonhosa. No entanto, ela sente sua franqueza como libertadora, pois deixa seu jarro de água e vai contar a toda a cidade sobre seu encontro com esse profeta que se identificou como o Messias. João nos diz: "Muitos samaritanos daquela cidade creram nele por causa deste testemunho da mulher: 'Ele me revelou tudo o que fiz'" (Jo 4,39). Ela não se sente descoberta ou acusada, mas, sim, pela primeira vez, verdadeiramente conhecida. Agora ela está livre para se conhecer, ver a si mesma e ser ela mesma. Nessa nova liberdade, também se torna mestra e traz boas novas aos vizinhos, conduzindo-os no primeiro passo rumo ao autoconhecimento.

Há outra mensagem importante para os orientadores espirituais nessa história: podemos encontrar nossos mais receptivos orientandos entre os excluídos, aqueles que vivem nas margens econômicas, sociais ou eclesiásticas. São pessoas que têm pouco a perder e tudo a ganhar. Talvez sejam rejeitadas por sua origem, mero acaso ou escolha. No entanto, quando Jesus pede à mulher samaritana que lhe dê de beber, ele está nos dizendo que não há rejeitados, que o rótulo em si é artificial e irreal.

Como Simão, o fariseu, a samaritana vive entre nós. Às vezes, ela está bem-vestida e parece ser senhora de si, mas revela seu *status* quando nos permite vislumbrar seu desespero, depressão ou vício cuidadosamente ocultos. Às vezes, nós a levamos ao limite por causa da sua etnia, orientação sexual ou pobreza. Se mantivermos essa postura, poderemos seguir em frente e nunca mais vê-la.

Não faz muito tempo, conheci a mulher samaritana no trem da linha C do metrô de Nova York. Foi um dia longo, cheio de conversas intensas e da dor de outras pessoas. Eu não queria falar com ninguém e certamente não queria ouvir ninguém. Eu esperava praticar a cura das almas das 8h às 17h, mas agora estava de folga e ansiosa pelo anonimato do metrô, para mergulhar na leitura do meu livro.

Então, uma mulher maltrapilha, despenteada e não muito limpa sentou-se ao meu lado. Eu pensei: "Como posso escapar? Ela já está de olho no meu colarinho clerical; ela me identificou como um contato acolhedor". Com certeza. "Como vai, irmã?". Então as palavras lhe saíram com rapidez. Em questão de minutos, parece que ouvi a história de sua vida, sua luta contra o vício, suas esperanças de um novo começo em um centro de reabilitação. Afinal, eu sabia que não estava de folga, então disse o que achava que eram as coisas certas e me senti *muito* santa por ter sido tão gentil. Quando ela se preparou para ir embora, eu estava certa de que ia pedir dinheiro e me garantir que era para comprar comida, não drogas. Repassei meu argumento interno: deveria, não deveria chegar a 25 centavos, talvez cinquenta? Então, quando se levantou, ela se inclinou para perto de mim e colocou um bilhete de metrô em minha mão, dizendo: "Deus te abençoe, irmã". E se foi.

Eu não tinha conseguido reconhecê-la. Meu dia e minhas energias foram gastos com pessoas que tomam banho e cumprem compromissos. Tinha sido um bom dia: pelo menos, provavelmente não havia feito mal a ninguém. Em retrospecto, porém, sei que a mulher no metrô estava com sede, não de drogas ou álcool, mas de um gole da água que se tornaria nela uma fonte jorrando para a vida eterna. Eu respondi com banalidades amigáveis, mas, apesar disso, ela foi capaz de discernir Cristo entre nós. Havia vida em seu presente para mim e eu senti que ela "sabia de tudo o que eu sempre fiz" e que estava tudo bem.

Os mestres do deserto

Em seu ascetismo extremo e negação aparente da bondade da criação, os pais e as mães do deserto do século IV parecem mentores improváveis para orientadores espirituais em nossos dias. Estranhos e muitas vezes rabugentos, eles estariam deslocados na bem cuidada respeitabilidade de nossas igrejas. (*Abba* Pambo disse: "O monge deveria usar uma vestimenta de tal tipo que pudesse jogá-la para fora de sua cela e ninguém a roubasse dele por três dias"[5].) No entanto, como orientadores espirituais, eles eram educadores no sentido mais verdadeiro da palavra, extraindo *insights* e compreensão de seus seguidores. O verdadeiro aprendizado veio de olhar para dentro, de frente para si mesmo (e para Deus) na solidão: "Vá, sente-se em sua cela, e sua cela lhe ensinará tudo"[6].

Homens solitários do deserto, ensinados pelo exemplo da própria vida, bem como por seus conselhos enigmáticos. *Abba* Isaac fala de sua busca quando jovem por um mestre espiritual. Por duas vezes

---
5. WARD, *Desert Christian*, 197.
6. Ibidem, 139.

ele se ligou a *abbas* mais experientes, pronto para morar em suas casas e servi-los. No entanto, não lhe disseram o que fazer; em vez disso, *eles o serviram*, Isaac recorreu a outros *abbas*, pedindo conselho:

> Eles vieram e lhe disseram: "*Abba*, o irmão veio à sua santidade para ajudá-lo. Por que você nunca lhe diz nada?". O velho disse-lhes: "Sou um cenobita para lhe dar ordens? No que me diz respeito, nada lhe digo, mas se ele quiser pode fazer o que me vê fazer". Daquele momento em diante eu [Isaac] tomei a iniciativa e fiz o que o velho estava prestes a fazer. Quanto a ele, o que fez, fez em silêncio; então, ele me ensinou a trabalhar em silêncio[7].

Eles estavam dispostos a ficar em silêncio, de fato, confortáveis em meio àquela tensão criativa do silêncio. Como Teodoro de Ferme, podiam resistir a ser transformados em gurus e estavam muito felizes por serem eles mesmos, conforme observado na passagem a seguir:

> "Eu encontro as pessoas conforme elas me acham." Então, falou ao seu discípulo: "Se alguém vier me ver, não diga nada, por respeito humano, mas, se eu estiver comendo, diga-lhe: 'Ele está comendo'. E, se eu estiver dormindo, diga-lhe: 'Ele está dormindo'".

A maioria dos orientadores espirituais do deserto eram homens, mas uma das poucas mulheres, *Amma* Teodora, escreve sobre mestres, usando palavras diretamente aplicáveis aos orientadores espirituais do século XX:

> Um mestre deve ser um estranho ao desejo de dominação, vanglória e orgulho; não se consegue enganá-lo com lisonjas, nem o cegar com presentes, nem o conquistar pelo estômago, nem o dominar pela raiva; mas ele deve ser paciente, gentil e humilde, tanto quanto possível; deve ser provado e sem sectarismo, cheio de atenção e um amante das almas[8].

Não há nada estranho ou rabugento em Teodora! Ela nada sabia sobre o vocabulário da projeção, transferência ou contratransferência, mas viu que o orientador-professor poderia se enganar e perder seu desapego afetivo em um relacionamento de intimidade

---

7. Ibid., 99-100.
8. Ibid., 83-84.

espiritual. Como orientadores, nossos sinos de alerta também devem soar quando as pessoas que orientamos nos trazem adulação em vez de respeito e tentam nos elevar à santidade. É raro aqueles que oriento tentarem me cegar com presentes ou "me conquistar pelo estômago", mas resisto a convites que são puramente sociais e podem banalizar o nosso relacionamento.

Quando Teodora advertiu contra a raiva, sem dúvida estava pensando em si mesma, uma vez que os *abbas* e as *ammas* do deserto estavam em luta constante contra essa paixão. (*Abba* Agathon disse: "Um homem que está com raiva, mesmo que ressuscite os mortos, não é aceitável diante de Deus"[9].) Como orientadora espiritual, corro maior perigo com a raiva de outras pessoas e minha reação a ela. A maioria de nós deseja ser amada e, como consequência, reluta em ofender. Visto que muitos têm dificuldade para expressar raiva, especialmente com qualquer coisa que tenha a ver com Deus, frequentemente somos confrontados com o comportamento de teste ou de negação de nossos orientandos, quando eles vêm até nós cheios de raiva. Por quanto tempo vamos deixar isso continuar? Como responderemos, combinando amor e verdade? Como podemos usar a raiva da pessoa orientada?

Com Michelle, desesperadamente solitária e ainda não curada de uma infância com uma mãe abusiva, a situação é complicada. Eu sei que ela me vê como uma "boa" mãe, mas teme que eu possa me voltar contra ela. Trabalhamos juntas há tempo suficiente para que ela quisesse testar o relacionamento e, há cerca de um ano, ela me empurrou cada vez mais para o confronto. Foi consumida pela raiva e pelo ciúme, que não ousou nomear e tentou mascarar com uma doçura piedosa. Resistiu a relacionamentos e experiências que a forçariam, como Simão, o fariseu, a parar de olhar para os outros com um julgamento severo e a ver a si mesma com clareza. Os outros, seus colegas de classe, paroquianos, membros de seu grupo de oração, eram pessoas simpáticas, mas não de seu nível (segundo o que ela deu a entender). Se eu não nomeasse sua grandiosidade espiritual (mascarando uma ausência abismal de autoestima), seria culpada de

---

9. Ibid., 23.

cumplicidade. Então, falei algumas verdades duras e disse: "É provável que você esteja com muita raiva de mim, mas está tudo bem. Isso não vai me machucar e eu não vou ficar com raiva de você". Com raiva nos olhos, mas em uma voz suave e doce, ela me garantiu que nunca ficaria com raiva de mim. Então, desapareceu por seis meses.

Segundo *Amma* Teodora, a quem orienta também deve se manter sem sectarismo. Todos nós queremos ser filhos favoritos: os favoritos de Deus, os favoritos de nossos pais, os favoritos de nosso orientador, mesmo quando o relacionamento não é semipaternal, mas marcado pela mutualidade. (Lembro-me com vergonha de minha sensação de traição anos atrás, quando soube por acaso que compartilhara minha orientadora com uma mulher que considerava bem-intencionada, mas não muito brilhante. "O que ela pode ver *nela?*", foi minha reação inicial.) No pequeno mundo da orientação espiritual, muitas vezes conhecemos nossos orientandos em outros contextos, e é provável que eles se conheçam, possivelmente não se gostem e até sintam desprezo uns pelos outros. A estrita observância da confidencialidade pode nos ajudar a manter a imparcialidade. Se não podemos estar abertos àquele que estamos orientando e se percebemos que tomamos partido, já passou da hora de encaminhá-lo a outra pessoa, assumindo total responsabilidade pela deterioração do relacionamento.

Discernindo as perguntas

Há muitas perguntas na orientação espiritual: feitas, implícitas, respondidas e sem respostas. No entanto, conforme a história é contada e o que é estranho é removido, fica claro que *uma* questão reside em seu cerne: "Bom mestre, o que devo fazer para herdar vida eterna?" (Mc 10,17). Raramente ela é formulada de maneira tão direta, e a pessoa que busca orientação espiritual pode não estar ciente de que é a questão central. O orientador sabe, é claro, que o anseio por Deus e por um relacionamento com o Pai, a vida eterna, está por trás de tudo no trabalho de orientação e une as partes díspares. Para quem está sendo orientado, a pergunta pode emergir com um foco mais nítido conforme a confiança se desenvolve e o trabalho continua, mas a pergunta estava lá o tempo todo.

O relato do Evangelho de Marcos sobre o jovem rico é um paradigma para a orientação espiritual, especialmente para a orientação espiritual como ensino. "Bom Mestre", suas palavras de cumprimento, reconhecem a relação hierárquica. Ele busca no mestre uma resposta que não consegue encontrar dentro de si mesmo. Também existe uma conexão afetuosa; está implícito que o bom mestre terá no coração o interesse pelo questionador. Parece simplista notar que alguém só pode ser professor em um relacionamento; que todo o propósito do ensino é permitir que a outra pessoa faça as próprias descobertas. A hierarquia, portanto, é gentil e talvez transitória, e o poder aparente do professor é apenas isto: aparente. Como na história de Marcos, o questionador deve ser livre para lidar com a pergunta e até mesmo sentir amor por ela.

Marcos nos diz que "Jesus olhou para ele atentamente e sentiu afeto por ele" (Mc 10,21). A relação professor-aluno é baseada no amor, ou deveria ser. Tendemos a ser avarentos com nosso amor e a assumir sua propriedade apenas em relacionamentos pessoais íntimos. O mais prejudicial de tudo é que confundimos o amor com sentimentos afetuosos, piegas e complicados. Esse não é o amor desapegado e perspicaz do professor.

Eu me pergunto se o homem sabia que Jesus o amava. Naquele momento, provavelmente não! Uma das tarefas difíceis da orientação espiritual é aprender a falar a verdade com amor. Podemos poupar as pessoas muito frágeis, aquelas que já têm mais realidade do que podem suportar e ainda não estão prontas para ouvir a verdade. Às vezes é difícil reter uma inspiração, mas podemos não dizer nada, ou podemos oferecer partes administráveis de verdade. No entanto, com as fortes e espiritualmente maduras, não precisamos ser tão cautelosos.

Aprendi isso em uma conversa com Karen, que veio falar sobre seu crescente senso de vocação para o ministério ordenado. Eu sabia o suficiente sobre a situação de sua família e a hostilidade implacável de seu marido para com a igreja para saber que seu casamento não suportaria a tensão se ela decidisse seguir sua vocação. O que eu não sabia era a grande dureza interior de Karen, quase implacável. Então, eu disse suavemente, um pouco como a "Querida Abby"[10], tentando ajudar a tornar sua vida mais tranquila: "Uma pessoa realmente precisa do apoio da família, em especial do apoio do cônjuge, antes de começar esta estrada". Os olhos de Karen brilharam: "Estou falando de um chamado de Deus".

Eu sabia então que essa era uma mulher que não queria doses mínimas de verdade revestida de açúcar, então continuei: "Desculpe-me por não dizer de forma direta o que eu quis dizer. Você sabe que é provável que seu casamento não sobreviva se você percorrer o caminho para a ordenação, não é?". Karen sussurrou: "Eu sei".

Se o buscador anônimo do Evangelho de Marcos tivesse vindo até mim, eu poderia ter sido tentada a confortá-lo: "Você está realmente bem. A maioria das pessoas não seria capaz de guardar todos esses mandamentos! Continue, portanto, fazendo o que você está fazendo, e não se preocupe com a vida eterna". Jesus, no entanto, sabia que esse homem estava pronto para ouvir a verdade e então deu *a* resposta *à* pergunta. "Mas a esta palavra, seu rosto ficou sombrio. E retirou-se triste pois tinha muitos bens" (Mc 10,22).

Aqui, novamente, Jesus é o mestre de discernimento. Ele diz: "Olhe para a sua vida. Olhe para o seu tesouro. Veja a si mesmo!". Quais eram as muitas posses do jovem? Quais são as posses que sobrecarregam nossos orientandos, intrometendo-se entre o buscador e Deus? Obviamente, o homem era rico em termos materiais; sem dúvida, na Palestina do século I, como na América do Norte do século XX, a gestão do dinheiro podia exigir um comprometimento total. A riqueza é um ídolo atraente, mais fácil de obter do que Deus e que promete conforto e segurança. Contudo, há outras posses que podem fazer o buscador ir embora, sofrendo. É difícil abandonar identidades mantidas com cuidado, em especial as clericais e "espirituais". (Talvez isso explique por que tantos clérigos não são confiáveis como orientandos.) É difícil abandonar uma vida inteira de vícios

---

10. Referência à coluna, inicialmente publicada no McNaught Syndicate, que foi criada nos Estados Unidos em 1956 contendo conselhos. A pessoa responsável pela coluna assinava com o pseudônimo de "Abigail Van Buren", dando assim nome ao conjunto da obra. (N. do T.)

acumulados, não apenas vícios em produtos químicos prejudiciais, mas também em ocupações frenéticas, tempo de lazer entorpecente do espírito e da mente, atividades e relacionamentos não saudáveis. E é especialmente difícil abandonar a liberdade da irresponsabilidade espiritual, embora vagar sem rumo e ignorar a atração magnética do amor de Deus traga sua própria dor.

A história do homem rico deixa claro que a orientação espiritual não deve ser ministrada de forma leviana. Aquelas pessoas que veem isso como mais um caminho para o autoaperfeiçoamento e a autodescoberta podem se surpreender com as exigências feitas a elas, caso perseverem e "sigam todos os mandamentos". Elas podem esperar um tapinha na costas; em vez disso, as demandas aumentam conforme o comprometimento aumenta. À medida que o trabalho se aprofunda em sua intensidade, é importante que o mestre-diretor espiritual as lembre do que está sendo ensinado: olhar para si mesmas sem vacilar e então agir e ser coerente.

Às vezes, o custo é muito alto e a pessoa orientada opta por deixar o relacionamento. Com frequência, os motivos para a rescisão não são claros ou as razões dadas são irrelevantes. Certa vez, um colega me contou a história comovente de uma mulher que revelou a ele o verdadeiro motivo pelo qual não voltaria. Ela era rica, ociosa, educada, uma boa mulher que observava todos os mandamentos. Como meu colega se encontrava com ela regularmente para a orientação espiritual, ele ficou encantado ao vê-la crescer e encontrar uma voz, transformando-se diante de seus olhos. Ele não sabia qual seria o próximo passo, apesar de sentir que ela estava em um limiar. Isso poderia envolver uma mudança radical em seu modo de viver, ou externamente ela poderia parecer a mesma, mas toda a sua vida floresceria de um profundo compromisso interior. E então ela disse: "Não vou voltar. Isso está custando muito caro. Vou ter que mudar e não quero mudar. Gosto da minha vida do jeito que está". Não sei o que aconteceu à mulher, mas meu amigo já saiu de luto.

Jesus foi capaz de deixar o homem ir. Essa é uma lição difícil para orientadores espirituais, talvez porque tememos o "fracasso". Em outras palavras, temos o orgulho de estar certos, de sermos orientadores eficazes, de apontar o melhor caminho. É difícil deixar as pessoas irem e confiá-las aos cuidados de Deus, o que pode significar que nosso tempo juntos dará frutos em décadas no futuro, mas elas vagarão por um país distante alimentando-se de coisas sem valor.

Bons mestres

Todos nós temos experiência suficiente com professores ruins ou medíocres para saber que, em nossa finitude humana, devemos nos esforçar para ser os melhores professores possíveis. A responsabilidade da orientação espiritual é pesada e a possibilidade de dano é grande. Quais são as marcas de um bom professor?

Primeiro, *um bom professor incentiva a brincadeira*. Nossa cultura fez do lazer uma indústria, mas sabe muito pouco sobre o brincar. Frequentemente, o que chamamos de "jogo" é competitivo ou compulsivo, porque a dimensão estética do jogo verdadeiro, sua sagrada inutilidade, vai contra nossa natureza. No entanto, como diz sabiamente o poeta-filósofo alemão Schiller, o ser humano é humano por completo apenas ao brincar.

Eu sempre me impressiono com a proximidade entre "brincar" e "orar"; isso me ocorre em mensagens fortuitas, saindo de meu computador, quando meus dedos ganham vida própria e me pego escrevendo: "Será necessário brincar com isso". A ligação do jogo com a oração, e implicitamente a ligação do jogo com o trabalho da vida contemplativa, é explícita na obra mística do século XIV, *The Cloud of Unknowing* [*A nuvem do não saber*]. O autor observa que nem sempre é possível estar no melhor estado espiritual:

> Doenças, aflições do corpo e da mente e incontáveis outras necessidades da natureza muitas vezes o deixarão indisposto e o impedirão de rezar. No entanto, ao mesmo tempo, aconselho-o a sempre se reerguer com seriedade ou, por assim dizer, *de forma lúdica* (ênfase em itálico adicionada)[11].

---

11. *The Cloud of Unknowing and The Book of Privy Counseling*, ed. William Johnston. Garden City, Image Books, 1973, 100. [Trad. bras.: *A nuvem do não saber*, São Paulo, Paulus, 2022. (N. do T.)]

Essas são palavras tranquilizadoras para orientadores-professores que tentam ajudar seus orientandos em períodos de aridez, problemas de saúde, dificuldades pessoais e distração. As pessoas orientadas podem tornar essas situações pesadas e adicionar uma carga de autoculpabilidade ao fardo que já carregam. Outras tendem a relaxar quando não é possível manter o nível de intensidade espiritual que estabeleceram para si mesmas, resultando no afastamento da orientação espiritual no momento em que ela poderia ser de maior suporte. O orientador pode ajudá-las a continuar, "por assim dizer, de brincadeira". Um leve toque é necessário:

> Pelo amor de Deus, então, tenha cuidado e não se esforce neste trabalho de forma imprudente. Confie mais no entusiasmo alegre do que na força bruta absoluta... Não se deixe levar impacientemente pela graça como um galgo ávido e faminto[12].

O autor anônimo do *Ancrene Riwle*[13] apresenta uma imagem encantadora da oração como uma brincadeira, um jogo de esconde-esconde com um Deus pai brincalhão, que "está brincando conosco como uma mãe com seu filho querido". Assim que a criança olha em volta e a chama, a mãe volta correndo, com os braços estendidos para abraçá-la.

> Da mesma forma, nosso Senhor às vezes nos deixa sozinhos por um tempo e retira sua graça, seu conforto e consolo, para que não tenhamos prazer em fazer as coisas bem, e a satisfação do nosso coração se vai. Ainda assim, naquele exato momento nosso Senhor não está nos amando menos, mas está fazendo isso por seu grande amor por nós[14].

O brincar, jogar, é intenso e libertador (basta observar uma criança de quatro anos com carros de brinquedo e alguns blocos de montar!). Ficamos livres de nossa compulsão por respostas corretas,

---

12. Ibid., 106-107.
13. *Ancrene Riwle*, Guia dos Anacoretas ou Regra dos Anacoretas, trata-se de escrito anônimo voltado para os anacoretas, isto é, os monges do deserto. Foi escrito em meados do século XIII e, ao que parece, era utilizado para a orientação de mulheres reclusas. (N. do T.)
14. *The Ancrene Riwle*, trad. M. B. Salu, London, Burns & Oates, 1955, 134.

livres da necessidade de adquirir e realizar, livres da ansiedade pela natureza transitória do jogo. Com a imaginação como fornecedor generoso de matérias-primas, podemos ser ricos além da imaginação. Tudo é tremendamente importante e nada importante. Além disso, visto que é difícil ser fortemente defendido quando se joga de verdade, é também uma excelente forma de nos livrarmos das máscaras e nos darmos a conhecer, de nos *descentrar*, na linguagem clássica da espiritualidade. Brincar nos expande e ajuda a ultrapassar os limites; na orientação espiritual, pode fornecer uma ajuda gentil para descartar ícones que se transformaram em ídolos caseiros. Por falar nisso, também pode fornecer a energia estimulante com a qual, em nossos dias mais jovens, derrubamos estruturas de blocos e castelos de areia quando eles haviam cumprido seu propósito.

A brincadeira, portanto, tem um lugar real no trabalho sério da orientação espiritual, e tento encontrar maneiras de introduzi-la. Isso exige perseverança gentil; embora alguns orientandos não se importem, ou mesmo aceitem "atribuições penitenciais", eles ficam assustados com a perspectiva de brincar. Então, quando sugeri que Alice fizesse uma lista de pelo menos três maneiras pelas quais Deus poderia se deleitar por meio dela, ela declarou que não conseguia pensar em uma única coisa. Até mesmo contemplar o exercício lhe parecia presunçoso, até que eu a lembrei do versículo inserido no meio do Salmo 18,19: "Ele me levou para um lugar amplo; ele me livrou, porque se deliciou comigo". Eu a incentivei a brincar com a ideia, a prestar atenção às coisas pequenas e aparentemente triviais que vinham à sua mente. Em nosso encontro seguinte, ela anunciou com um sorriso que Deus poderia se deliciar por meio de seu jogo de tênis, de sua voz que era agradável e pelo fato de que havia conseguido terminar a faculdade trabalhando meio período.

Grace se mostrou mais difícil. Ela vive, de maneira um tanto pesada, para sua família, e resistiu furiosamente quando lhe sugeri que elaborasse um plano do que faria se tivesse apenas a si mesma para cuidar. "Você está me dizendo para imaginar que minha família está morta?", ela perguntou. Sua resistência me diz muito sobre sua imagem de Deus, e seus verdadeiros sentimentos em relação à sua família. Ainda não tive coragem de lhe sugerir o Salmo 18.

Às vezes ajuda se eu entro no jogo com cuidado, para que a pessoa orientada não se sinta compelida a me imitar, mas fique livre para encontrar sua própria voz e imagens. Isso tem sido eficaz na orientação espiritual em grupos quando os membros ficam presos em chavões comuns e piedosos. Uma vez eu estava trabalhando com um grupo de mulheres e sugeri que brincássemos com a ideia dos nomes e imagens de Deus para nós. Estávamos tendo problemas para passar por "filho amado" e "servo fiel" quando eu disse: "Sabe, acho que Deus me vê como um burrinho cinza, trabalhador, bastante confiável, mas terrivelmente cabeça-dura". Depois que as risadas diminuíram, descobrimos que o grupo estava inundado de imagens poderosas, cômicas, comoventes. Estávamos nos deixando ser conhecidas. Em geral, as pessoas que resistem a brincar na orientação espiritual combinam uma autoimagem pobre com uma tendência a "espiritualizar" tudo. Em outras palavras, elas querem evitar a aspereza da vida cotidiana e, assim, vêm me ver esperando uma conversa piedosa apartada de toda a realidade. Com humor perverso, o autor de *A nuvem do não saber* fala de tais demonstrações de piedade: "Às vezes, seus olhos parecem os olhos de ovelhas feridas à beira da morte". E prossegue aconselhando evitar o extremo e o excêntrico: "Muito melhor um modesto semblante, uma postura calma e composta e uma franqueza alegre"[15].

Aqui, o orientador espiritual pode ajudar a santificar o ordinário e restaurar a naturalidade. "Uma franqueza alegre" é mais bem ensinada pelo exemplo do que por preceito, e o orientador pode começar desmitologizando-se. Se ele for um sacerdote, pode usar uma roupa à paisana em vez de trajes clericais ao se encontrar com uma pessoa excessivamente espiritual. Esse também é um bom momento para alguma autorrevelação criteriosa, conectando a vida de oração com as minúcias da vida cotidiana. Às vezes ajuda meu orientando saber que vou ao supermercado ou ao dentista. Ainda me lembro da surpresa de minha filha ao encontrar sua professora da creche no supermercado. Não havia ocorrido a ela que a senhorita Pat fazia compras, cozinhava e comia como os comuns mortais. Uma conversa prática ocasional, portanto, enquanto nos despedimos, pode ajudar

---

15. *The Cloud of Unknowing*, 116.

muito a pessoa orientada a lembrar que eu, tal qual a senhorita Pat, sou uma mortal comum.

Um bom professor conhece os limites do aluno. Isso exige grande sensibilidade ao momento: saber quando falar e quando ficar em silêncio. É tentador transformar o ensino em instrução, mas não estamos lá para dizer coisas às pessoas, para ajudá-las a se analisar; em vez disso, estamos lá para *educar*, ajudando-as a trazer à consciência o que já está dentro delas. O trabalho de discernimento é diferente para cada um: o recém-batizado, ainda na euforia de uma experiência de conversão, merece um tratamento bem diferente do seminarista do terceiro ano, que tem um vocabulário teológico sofisticado e certo cinismo sobre a igreja institucional. O primeiro precisa do apoio gentil de alguém disposto a compartilhar sua alegria e encorajá-lo a não avançar muito rápido, enquanto o seminarista pode precisar ser desafiado a não se esconder atrás de abstrações intelectuais. Seria bem possível dar as boas-vindas a certa dureza de abordagem, algo inadequado para alguém recém-chegado.

As pessoas que buscam a orientação espiritual pela primeira vez costumam dizer: "Preciso de alguém que não me deixe escapar impune, alguém durão. Não quero alguém que apenas seja legal comigo". Quando comecei este trabalho, tremi por dentro e pensei: "Esta é uma pessoa forte que pode ver através de mim e sabe que sou frágil como um gatinho, se não uma covarde completa. Quem eu conheço que é *realmente* durão?". Agora que já ouvi variações do mesmo pedido dezenas de vezes, até mesmo centenas, sou mais capaz de ver o buscador ferido e hesitante por trás da bravata e de saber que essa é uma pessoa que se sente indigna do amor de Deus. Não faz muito tempo, conheci Jean, uma mulher atraente que parecia ter de tudo: sucesso profissional, um casamento seguro, filhos bonitos. Sua atitude era amigável, mas enérgica; sua linguagem, precisa. Ela esperava que eu fosse capaz de encaminhá-la a um orientador que a desafiasse e confrontasse, não a deixasse escapar impune. (Essas palavras de novo!) Decidi correr o risco, então, depois de um momento, perguntei: "Por que você tem medo da gentileza, Jean?". Lágrimas surgiram em seus olhos e ela balançou a cabeça.

Ainda assim, a pessoa que orienta precisa combinar gentileza com franqueza e esperar comprometimento e trabalho árduo da pessoa orientada. Uma boa professora exige responsabilidade, e é por isso que geralmente aprendemos melhor com uma professora do que sozinhos, seja qual for o assunto. No entanto, essa responsabilidade é mútua, sem lugar para medo ou coerção. Devo prestar contas àquele a quem devo minha atenção, discrição e orações, enquanto ele é responsável por levar o relacionamento a sério, honrando o presente que são o tempo e atenção da orientadora, trazendo seu melhor e mais verdadeiro eu para o trabalho.

Um bom professor está sempre esperançoso. Estou convencida de que muito da severidade da educação secular contemporânea existe porque é um empreendimento sem amor, do qual nenhum fruto é de fato esperado. O professor/orientador, por outro lado, está cheio de esperança com respeito à pessoa orientada. Vendo o potencial de crescimento e transformação mesmo naquilo que é menos provável, ele está disposto a esperar pela concretização. Em tempos sombrios, sua esperança silenciosa pode sustentar aquele que está orientando. Essa é a esperança de Dame Julian, que, sem se esquivar da dor e do mal, sabia que no final das contas tudo ficaria bem. Deus

> não disse: Você não será perturbado, você não será espancado, você não ficará inquieto; mas ele disse: Você não será vencido. Deus quer que prestemos atenção a estas palavras, e sempre sejamos fortes na confiança fiel, no bem-estar e na angústia, pois ele nos ama e se deleita em nós, por isso deseja que o amemos e nos deleitemos nele e confiemos muito nele, e tudo ficará bem[16].

Em uma de suas homilias, Gregório Magno descreve Jesus como um mestre que encoraja e sustenta a esperança. De forma comovente, ele fala do relato de João sobre a perseverança de Maria Madalena no túmulo vazio:

> Por que ela desceu novamente, por que ela queria olhar de novo? Nunca é suficiente para um amante ter olhado uma vez, porque a intensidade do amor não permite que um amante desista da busca. Maria procurou uma primeira vez e não encontrou nada; ela perseverou em buscar, e então aconteceu que ela encontrou Jesus[17].

---

16. Norwich, *Showings*, 315.
17. Gregory the Great, *Be Friends of God*, ed. John Leinenweber. Cambridge, Cowley, 1990, 27-28.

Quantas vezes os orientandos olham para o túmulo vazio, mesmo quando "sabem" que está vazio. Isso exige paciência por parte de quem orienta e a consciência de que a pessoa orientada está no lugar certo por enquanto, embora seja doloroso permanecer em um local que parece morto e infrutífero. Nossa tendência é querer ir em frente, o que quer que seja "isso". Vemos que a tumba está vazia, então vamos embora! No entanto, aqui a aluna é sábia, tendo a consciência do que deve fazer. Ela se demorou, se abaixou para olhar mais uma vez e "então aconteceu que ela encontrou Jesus".

Maria Madalena me lembra minha amiga Ellen; não ouso chamá-la de orientanda, pois ela é minha professora tanto quanto eu sou dela. Na casa dos noventa e sabendo que a morte está próxima, como Maria, ela persevera em olhar para o túmulo vazio. Ela não teme a morte, mas anseia por sentir a presença de Deus depois de uma vida inteira de busca. Por um tempo, com a falsa sabedoria da relativa juventude e com grande confiança em meu suposto dom de discernimento, pensei que Ellen estava presa e precisava ser resgatada de sua busca infrutífera. Como poderia duvidar do amor de Deus por ela? O que mais poderia querer? No entanto, aprendi a honrar sua fidelidade ao olhar para o túmulo vazio e a honrar minha posição ao lado (e um pouco atrás) dela. Ela está procurando por Deus, não encontrando Deus, mas disposta a continuar esperando e procurando.

Gregório nos lembra da importância da identidade de Jesus como mestre:

> Porque Maria foi chamada pelo nome, ela reconheceu o seu Criador e o chamou de imediato de *Rabbuní, que significa mestre*. Ele era ao mesmo tempo aquele que ela procurava externamente e aquele que a ensinava internamente a buscá-lo[18].

Em sua aparição a Maria, no túmulo vazio, Jesus nos lembra claramente o objeto de seu ensinamento e, na verdade, o ensinamento de todos os orientadores espirituais: ele estava "ensinando Maria interiormente a buscá-lo". Da mesma forma, nosso verdadeiro trabalho não é transmitir informações nem apoiar uma mudança no estilo de

---

18. Ibid., 56.

vida da pessoa orientada, por mais desejáveis que sejam esses objetivos. Nosso trabalho é seguir o exemplo de Cristo e ensinar interiormente aqueles que vêm a nós a buscá-lo. A oração de Maria no túmulo vazio, e na verdade a de todos os engajados no ministério da orientação espiritual, pode muito bem ser a de Juliana de Norwich: "Deus, pela vossa bondade, dá-me vós, pois vós sois o suficiente para mim, e não posso pedir nada menos que possa vos prestar plena adoração. E se peço menos, sempre estou carente, mas só em vós tenho tudo"[19].

Um bom professor faz perguntas, mas devem ser as perguntas certas: aquelas que abrem portas, convidam a pessoa orientada a se expandir e crescer. Obviamente, nunca se fazem indagações por curiosidade, nem para preencher um silêncio que ameaça incomodar, mas às vezes é preciso esclarecimento. Então, uma pergunta gentil pode ser útil tanto para o orientador quanto para a pessoa orientada: "Você poderia falar um pouco mais sobre isso? Você pode me dar um exemplo do que quer dizer...?". Estou aprendendo a perceber declarações que clamam por uma questão esclarecedora, em especial quando a pessoa orientada encontra material doloroso ou está no limiar de um novo estágio de consciência. Dicas são deixadas, pedaços de informação são oferecidos, e a narrativa parece desarticulada, quase como se a pessoa orientada estivesse dizendo: "Eu deixei um pedaço de fora. O que estou dizendo não faz sentido. Por que você não me pergunta sobre isso?". A questão esclarecedora não é de forma alguma sondar ou atacar, mas um simples: "Ajude-me a entender o que você está dizendo. Você quer dizer...?". No ministério da orientação espiritual, não há respostas certas, apenas visões mais claras e perguntas cada vez mais profundas.

Consciente do mistério que está no cerne da orientação espiritual, o bom professor também incentiva seus orientandos a descobrir e abraçar as próprias questões. As *Cartas a um jovem poeta*, de Rilke, embora sejam ostensivamente sobre o processo criativo, são ao mesmo tempo valiosas como um clássico espiritual. É um livro sobre discernimento e autoconhecimento que aparenta ser simples. Na quarta carta, Rilke exorta seu leitor

---

19. NORWICH, *Showings*, 184.

a ser paciente com tudo o que não está resolvido em seu coração e tentar amar as próprias perguntas como salas trancadas e como livros escritos em uma língua realmente estrangeira. Não busque as respostas, que não lhe podem ser dadas porque você não seria capaz de vivê-las. E a questão é viver tudo. Viva as perguntas agora[20].

Amar as perguntas é envolver-se nelas cada vez mais profundamente, abrir mão de coisas e arriscar-se. É lutar com a tradução de "livros escritos em uma língua realmente estrangeira" e amar a luta. Viver as perguntas é querer perseverar em perscrutar o túmulo vazio. Os orientandos que nos procuram querendo uma solução rápida de certeza espiritual ficarão muito desapontados.

Um bom professor está disposto e é capaz de avaliar o progresso. Mesmo que não haja respostas corretas na orientação espiritual, também não existem boletins com notas ou conceitos. Ainda assim, nossos orientandos vêm até nós, pelo menos em parte, para orientação, para tentar entender onde estão espiritualmente, como chegaram lá e qual pode ser o próximo passo. Como o ex-prefeito de Nova York, todos nós queremos perguntar: "Como estou indo?". No entanto, dada nossa tendência natural para o autoengano, precisamos da ajuda do outro para fazer a avaliação.

Quando você deve dar *feedback* na orientação espiritual? Em teoria, acho que tempos regulares de avaliação mútua são úteis, talvez a cada trimestre, uma vez que o relacionamento esteja bem estabelecido. Na prática, porém, trabalho pragmaticamente e, muitas vezes, de forma intuitiva. Às vezes, a pessoa orientada perguntará: "O que você vê? Diga-me o que você acha". Há uma qualidade agraciada no momento desses pedidos; quase sempre o trabalho é realizado em conjunto por tempo e intensidade suficientes para que eu seja capaz de responder de forma construtiva.

Às vezes, ofereço *feedback* quando a pessoa parece travada, não perseverando em olhar para o túmulo vazio. Ela pode ter atingido um

---

20. Rilke, Rainer Maria. *Letters to a Young Poet*, trans. M. D. Herter Norton. New York, W. W. Norton, 1954, 35. [Trad. bras.: *Cartas a um jovem poeta*, São Paulo, L&PM, 2009. (N. do T.)]

patamar em que a fidelidade não parece ser suficiente. Desanimada, ela sente como se estivesse retrocedendo. Então, ajuda o orientador comentar, o mais especificamente possível, sobre o crescimento e a mudança que tem observado. Essa avaliação deve ser honesta e realista, pois o objetivo não é fazer a pessoa orientada se sentir bem, mas fornecer uma avaliação útil.

Em certas ocasiões, a avaliação é dolorosa. Depois de trabalhar alguns meses com Helena, observei um padrão de inveja em seu relacionamento com as mulheres do clero. Helena aspirava à ordenação, mas havia sido rejeitada no processo por sua diocese. Quando nos conhecemos, ela estava entusiasmada com a presbítera de sua paróquia, mas então sua adulação se transformou em duras críticas. Helena mudou-se para outra paróquia, onde o processo se repetiu. Quando me disse que estava pensando em mudar de paróquia mais uma vez, e comentou (como se introduzisse um novo tópico) que a jovem assistente era uma pregadora pobre e com *muita* dificuldade de se expressar, eu sabia que era hora de apontar o que estava vendo. Helena não mudou de paróquia; ela está um pouco mais realista sobre as capacidades e deficiências do clero feminino, e consideravelmente mais consciente das profundezas da própria decepção e de seu potencial para envenenar seu relacionamento com os outros.

O *feedback* é especialmente bem-vindo para aqueles que tiveram uma profunda experiência religiosa e estão relutantes em mencioná-la. Nunca deixo de me surpreender com a nossa circunspecção ao falar de Deus, em particular com o senso da imanência de Deus, mesmo na orientação espiritual. Jeff veio até mim em busca de uma indicação para um orientador. Ele era pé no chão, prático e equilibrado. No entanto, enquanto ele falava, ficou claro para mim que era dotado de experiências místicas e tinha medo de falar sobre elas, provavelmente por medo de ser visto como excêntrico, se não como totalmente louco. Por fim, eu comentei: "Parece que você é muito abençoado. Muitas pessoas invejariam sua experiência da proximidade com Deus". Ele pareceu surpreso, depois riu de alívio quando eu continuei: "Acho que é seguro dizer a temida palavra com M: místico". Ele ainda guarda seu segredo muito bem; uma indicação de que suas tendências místicas são saudáveis e genuínas. A "palavra M" tornou-se uma expressão de código entre nós.

Um bom professor é vulnerável, carrega as próprias feridas e cicatrizes parcialmente curadas e as inclui entre seus dons. Anne Sullivan, a professora de Helen Keller[21], é um bom modelo. Quando começou a trabalhar com Helen, a própria Anne era jovem e estava gravemente debilitada, mas sua deficiência a tornou disponível para a criança isolada e lhe permitiu fazer exigências que os membros "inteiros" e "saudáveis" da família Keller não podiam fazer. O nome que Helen deu a essa mulher, que a capacitou a conhecer e ser conhecida, foi "Professora".

Muitas de nós somos "Anne Sullivans" quando começamos o trabalho de dar orientação espiritual; espiritualmente, ainda que não cronologicamente, jovens e afligidas por uma visão imperfeita. É tentador negar nossos dons para este ministério e esperar, na expectativa de que algum dia estejamos prontas – fortes, sem mácula e sábias. Como você sabe quando está pronto para ser um orientador espiritual? A melhor indicação é que as pessoas começam a procurá-lo para falar sobre suas preocupações mais profundas e estão dispostas a deixar de lado suas máscaras quando estão com você. Essa pode ser uma experiência inebriante e deve-se ter cuidado se for *muito* agradável. Nunca é demais dizer que a pessoa que orienta precisa ser humilde, ou seja, conhecer seu pequeno lugar na grande ordem das coisas. Dadas a verdadeira humildade e a salvaguarda de ter o próprio orientador, o noviço relutante pode aumentar e aprofundar suas habilidades no ministério.

Um bom professor é sempre um aprendiz, com disposição para partilhar sua vida, reconhecer que viajou mas que ainda está percorrendo o mesmo caminho que a pessoa orientada. Embora o papel de guru possa ser tentador, é um grande fardo viver entre indivíduos que pensam que você já chegou ao objetivo. Ainda me lembro da sensação de liberdade que tomou conta de mim quando, como uma jovem

---

21. A escritora, conferencista e ativista social estadunidense Helen Adams Keller (1880-1968) foi a primeira pessoa surdo-cega da história a conquistar um bacharelado. (N. do T.)

instrutora de faculdade, fui capaz de ficar diante de uma classe e dizer: "Sinceramente não sei, porque nunca pensei sobre essa questão. Mas podemos buscar a solução juntos". Foi nesse dia que deixei de ser instrutora e comecei a ser professora.

Na sala de aula do seminário e na orientação espiritual, o perigo surge quando o professor para de aprender. Perde-se a mutualidade da relação professor-aluno, pois um tem e dá, o outro fica vazio e recebe. Em vez disso, como Elredo de Rievaulx aponta, deveria haver uma circularidade na troca: "Fale livremente, portanto, e confie ao seu amigo todos os seus cuidados e pensamentos, para que possa aprender e ensinar, dar e receber, derramar e beber"[22]. O professor que se deixa ser ensinado sempre terá consciência do que o outro está vivenciando e saberá como é estar no lugar do aprendiz. Foi uma experiência esclarecedora para mim quando, depois de anos na sala de aula, retomei as aulas de piano. No entanto, isso foi um claro prenúncio de como seria, aos cinquenta anos, sair da posição de autoridade da professora atrás da mesa e juntar-se a meus colegas juniores no seminário!

Um bom professor (assim como bons pais) está educando para a maturidade. Os pais fizeram bem o seu trabalho quando deixam de ser necessários. Na orientação espiritual, um relacionamento que é a princípio hierárquico pode se transformar em uma rica amizade espiritual. Isso não é um sinal de que algo deu errado, mas é importante reconhecer e comemorar a mudança no relacionamento. A amizade pode continuar, mas a pessoa por fim precisará encontrar um novo orientador. O dar e receber entre amigos não pode substituir a atenção cuidadosa de um orientador amorosamente distanciado.

O Mestre da oração

O propósito da orientação espiritual se assemelha a uma declaração feita por Thomas Merton sobre o propósito da educação: serve para nos ajudar a nos definirmos autêntica e espontaneamente

---

22. RIEVAULX, *Spiritual Friendship*, 52.

em relação ao nosso mundo[23]. O propósito da orientação espiritual é semelhante: ajudar as pessoas a descobrir como se definir em relação não só com o mundo, mas também com Deus. É um empreendimento enorme e parece ser amorfo; o trabalho de uma vida inteira. Dentro desse contexto, porém, o orientador é chamado a ajudar de formas específicas, a ensinar de uma maneira quase tradicional.

Quando pergunto às pessoas por que desejam receber orientação espiritual, na maioria das vezes sua resposta tem a ver com oração: "Preciso de ajuda na oração. Quero aprofundar minha vida de oração. Quero aprender a orar melhor". Elas sentem que não oram o suficiente e querem ser repreendidas ou desculpadas por suas deficiências. Mais importante ainda é a sensação de que, de alguma forma, não estão orando da maneira correta, com a implicação de que existe um jeito certo ou uma receita secreta; algo que pode ser ensinado cognitivamente.

Embora aquele versado professor de oração, o autor de *A nuvem* e *The Book of Privy Counseling*, defenda fortemente o que agora conhecemos como "oração centrante"[24], ele também parece reconhecer que existem diferentes temperamentos e necessidades; portanto, não há uma única maneira certa de orar:

> Não ore com palavras, a menos que esteja de fato talhado para isso; ou, se você orar com palavras, não preste atenção se são muitas ou poucas. Não as pese em seu significado. Não se preocupe com o tipo de orações que você usa, pois não importa se são orações litúrgicas oficiais, salmos, hinos ou cânticos; se são para intenções particulares ou gerais; ou se você as formula interiormente, por pensamentos, ou as expressa em voz alta, em palavras[25].

O essencial é apenas que haja "uma intenção nua e crua que se estende em direção a Deus". Esses são bons preceitos a serem considerados pelo orientador espiritual, que é um mestre de oração. Tenho

---

23. MERTON, THOMAS, *Love and living*, New York, Farrar Straus & Giroux, 1979, 3. [Trad. bras.: *Amor e vida*, São Paulo, WMF Martins Fontes, 2004. (N. do T.)]

24. Referência ao método de oração silenciosa capaz de conduzir à contemplação. Foi resgatado pelo padre William Meninger, OCSO, monge trapista estadunidense, por volta de 1970 no livro *A nuvem do não saber*. (N. do T.)

25. *The Cloud of Unknowing*, 149.

que evitar tentar fazer orientandos à minha imagem. O que funciona para mim agora pode não ser adequado para outra pessoa. Muitas vezes somos tentados, em especial quando nossa oração está indo bem, a prescrever nosso método para todos.

Livros sobre oração podem ser úteis, mas devem ser prescritos com cautela porque é fácil substituir a própria oração pela leitura *sobre* a oração. Além disso, a maioria dos orientandos lerá obedientemente e tentará adotar tudo o que sugerimos, mesmo que não seja adequado. Pior ainda, eles podem *não* seguir a sugestão e então se sentir culpados pela própria "desobediência", aumentando assim os sentimentos de inadequação e fracasso em vez de mitigá-los.

Ensinar sobre a oração sempre envolve uma tarefa de discernimento. A pessoa deve ser encorajada a perseverar em um método de oração, mesmo que pareça obsoleto e difícil, ou é hora de uma abordagem radicalmente nova? Às vezes, a aparência infrutífera é um sinal de que um avanço está prestes a ocorrer, enquanto outras vezes significa que a pessoa está persistindo em caminhos superados e precisa ser encorajada a ir além, crescer e assumir riscos.

Às vezes menos é mais. A gula espiritual é um perigo, em especial se a pessoa vem à orientação espiritual após uma experiência de conversão recente ou é viciada no que minha amiga inglesa Janet chama de "pequenos livros". Encher as prateleiras com livros sobre oração é um péssimo substituto para a própria oração; e mergulhar nas receitas dos outros para a vida espiritual é uma tática de adiamento eficaz. Então, a prescrição de fidelidade e simplicidade é adequada. Uma recém-formada no seminário me assegurou que certa vez eu lhe disse para ficar fora da capela por um tempo, depois que ela me confidenciou que sua participação consciensiosa em excesso nos serviços comunitários estava fazendo sua rica vida de oração contemplativa secar.

Prefiro dar sugestões em vez de tarefas específicas. "Você pode tentar isso" ou "isso tem sido útil para mim", em geral, é o suficiente para abrir o caminho a novas abordagens. Como observado anteriormente, a proximidade de *orar* e *brincar* é impressionante demais para ser negligenciada. A pessoa pode ser encorajada a explorar suas imagens pessoais de Deus. Isso é especialmente libertador para quem considera a linguagem litúrgica aceita esmagadoramente patriarcal. Pode demorar um pouco para convencê-las de que, na oração solitária, elas são livres para encontrar as próprias imagens e termos de endereçamento a Deus, e que estão de fato em excelente companhia. (É preciso pensar apenas no "Jesus nossa mãe" de Juliana de Norwich[26] e na "Majestade" de Teresa d'Ávila.)

Podemos incentivar as pessoas que afirmam nunca ter tempo para orar a encontrar novos lugares e ocasiões. Dois dos meus lugares sagrados favoritos são o metrô e a cozinha, embora ambos possam ser vistos como espaços espiritualmente vazios e inúteis. O metrô, onde não podemos escapar da visão do Corpo de Cristo ferido, é um lugar fecundo para orações de intercessão, enquanto tarefas repetitivas na cozinha podem ser santificadas pela Oração de Jesus. Aqueles que orientamos podem ser incentivados a orar enquanto caminham, antes de abrirem um livro na biblioteca ou durante o trabalho manual. Um colega me disse que combina a oração centrante com sua meia hora diária de corrida.

Existem tantos caminhos: orar com a imaginação à maneira inaciana ou seguir o autor de *The Cloud of Unknowing* em uma oração sem imagens; orar com o auxílio de ícones, crucifixos, velas e rosários; orar em pé, sentado, ajoelhado e prostrado; orar mantendo um diário; rezar a Oração de Jesus; deixar a Escritura falar conosco por intermédio do método da *lectio* divina. É uma festa rica, e é importante que o orientador seja econômico com sugestões. Muito de uma vez é um bufê excessivamente luxuoso, no qual a indigestão espiritual e a gula espiritual são perigos reais.

As pessoas também procuram orientação espiritual em busca de ajuda na formulação de uma regra de vida. Enquanto algumas, particularmente aquelas atraídas pelo monaquismo, articulam isso de forma clara em termos religiosos tradicionais, o desejo de ajuda na modelagem e estruturação da rotina diária está implícito em quase

---

26. A maternidade é vista por Santa Juliana de Norwich como a representação da onipotência de Deus na ação da criação, da redenção e de seu chamado ao mundo para a liberdade. Da mesma forma, Jesus Cristo é visto como "nossa verdadeira Mãe", que nos alimenta e não nos deixa à mercê da morte, pois o amor materno é o amor absoluto que não se curva perante as adversidades. (N. do T.)

todos os casos. A maioria das regras são quase monásticas, lidando principalmente com a distribuição e a natureza do tempo de oração; a observância litúrgica, como a frequência regular à Eucaristia e talvez ao Sacramento da Reconciliação; e alguma forma de responsabilidade, como uma associação formal com uma ordem religiosa, reuniões contínuas com um grupo de Cursilho ou reuniões periódicas com um orientador espiritual. Em outras palavras, qual é o padrão das partes especificamente "religiosas" da vida de alguém?

Henry, por exemplo, chega ao meu escritório com uma lista concisa e organizada: ele estará presente na Eucaristia no domingo, passará vinte minutos por dia em oração centrante, fará um retiro anual de três dias em um convento próximo e realizará sua confissão penitencial no Advento e na Quaresma. Ele não está de fato pedindo minha ajuda para formar seu governo; ele só quer minha aprovação. É uma regra boa o suficiente, no sentido tradicional, pois fornece uma base intencional para uma vida vivida em consciência diante de Deus.

Mas uma boa regra vai além do estrito devocional. Se quisermos ser pessoas inteiras, deverá ser mais do que uma programação para nossas horas de visita a Deus. Posso dizer, olhando para Henry, que ele não faz nenhum exercício físico, e me lembro de seu desconforto com a ausência de cinzeiros em meu escritório, ele ainda não deixou lugar em suas regras para cuidar de seu corpo e restaurá-lo. Também sei, por nossas conversas, que seu casamento se tornou triste e silencioso. Estou encantada com seu plano de passar três dias no convento, mas sinto-me impelida a sugerir que também dedique um fim de semana prolongado à sua esposa, longe dos cuidados domésticos, no melhor *resort* que puder pagar.

Há uma tendência comum de tentar assumir responsabilidades demais, de tentar viver uma vida monástica em meio aos estímulos e pressões do mundo cotidiano do final do século XX. Em vez de se retirar para um oratório silencioso para a oração matinal, muitos começam o dia com uma hora na rodovia interestadual ou no transporte público lotado. A regra de vida pode ser adaptada para transformar uma viagem em um lugar e tempo de oração? Como administrar longos períodos de oração contemplativa quando há um novo bebê em casa e talvez algumas crianças pequenas também? Uma regra de vida para quem vive em família, em que cada membro está espiritualmente em um lugar diferente, exige criatividade e flexibilidade. E a maioria de nós vive com a ausência de apoio da comunidade; é um fato doloroso que os cristãos seriamente observantes estejam em minoria em nossa sociedade.

Alguém certa vez comparou uma regra de vida a uma treliça de rosas. Seu propósito é apoiar, nos libertar da tirania dos "deveres" e "obrigações"; em outras palavras, nos libertar para o crescimento. Como tal, é um instrumento a ser usado e adaptado, e não um monumento esculpido em pedra.

Uma boa regra trata de questões tradicionais de prática devocional, mas vai além, para abranger a administração de energia, criatividade e tempo. Somos um povo obcecado pelo tempo de uma forma impensável para o autor de *The Cloud*, que adverte:

> Esteja atento à maneira como você o gasta. Nada é mais precioso. Isso fica evidente quando você se lembra de que, em um minúsculo momento, o céu pode ser ganho ou perdido. Deus, o mestre do tempo, nunca dá o futuro. Ele dá apenas o presente, momento a momento...[27].

A maioria das pessoas na orientação espiritual valoriza seu tempo, protesta vigorosamente que não tem o suficiente e, é provável, nega que o desperdiça. No entanto, o mandamento de observar o Sabbath (Sábado) é rotineiramente, até mesmo orgulhosamente, violado por muitos de nós, que somos meticulosos em nossa observância dos outros nove. "Não perder tempo" torna-se uma desculpa para negligenciar o tempo do verdadeiro descanso e reflexão, o que o poeta Lessing[28] chamou de "a pausa criativa". Mais importante ainda, podemos usar as agendas lotadas e ocupadas para nos escondermos de Deus. Mesmo quando nos iludimos de que estamos sendo bons administradores, preenchemos nossos dias com tamanha dedicação

---

27. *The Cloud of Unknowing*, 50-51.
28. Roy Lessin é um poeta e escritor estadunidense que dedica a vida ao ministério de evangelização. Por mais de cinquenta anos, tem estudado e ensinado a outros o que a Bíblia diz sobre o Espírito Santo. (N. do T.)

que trancamos Deus para o lado de fora. Nossa ocupação excessiva mascara o pecado da preguiça.

Como orientadores, trabalhamos com homens e mulheres preocupados com o uso do tempo e que podem já ter se sentido culpados pela falta de tempo para orar. Embora possam ser responsáveis pelos próprios recursos, precisam de uma regra de vida viável para trazer proporcionalidade à sua administração de tempo e energia. Às vezes peço às pessoas que mantenham um registro cuidadoso de suas atividades, hora a hora, durante um dia ou, melhor ainda, por uma semana. Isso é análogo à prática útil dos programas de perda de peso, nos quais aqueles que fazem dieta registram cada porção de alimento. Em ambos os casos, há surpresas. A pessoa que "não come nada" descobre que tem comido o dia todo, comendo algo muito calórico aqui, mais uma quantidade de alimentos calóricos ali. Quem gostaria de orar, mas "não tem tempo", pode descobrir que é capaz de assistir a reprises de *The Odd Couple*[29] e nunca perde um capítulo de *L.A. Law*[30]. Portanto, quando o registro de atividades é examinado, revelará desperdícios e evasões.

A pessoa pode enxergar o tempo como um presente precioso, a ser utilizado e estruturado. Então é hora de criar uma regra que leve em consideração o relacionamento com Deus, os outros e o seu eu mais profundo. Áreas de desproporção e, portanto, de pecaminosidade potencial tornam-se aparentes, de modo que a regra pode servir como um lembrete sobre onde é necessário ter cautela. O autocuidado é uma obrigação sagrada, mas um número surpreendente de pessoas formula uma regra que estipula quantos minutos por dia serão gastos em oração ou quantas vezes por semana estarão presentes na Eucaristia, mas ignoram seus perigosos vícios alimentares, a ingestão de álcool ou o consumo de nicotina. Por fim, deve haver provisão para pura diversão. Foi um *insight* alegre quando percebi que no inglês arcaico *silly* ["bobo"] significava "abençoado", com mesma raiz etimológica do *selig* do alemão moderno. Então me pego perguntando aos

---

29. Série de TV estadunidense, da rede ABC, 1970, baseada num filme de mesmo título, no Brasil o filme saiu com o título "Estranho casal". (N. do T.)
30. Série de TV estadunidense, exibida na rede NBC, entre 1986 e 1994. (N. do T.)

meus orientandos: "O que você colocou nesta regra para se divertir? Onde está a bendita bobagem nela?".

Dever de casa?

Já observei minha relutância em *designar* leituras espirituais. A pessoa orientada pode zelosamente vasculhar o livro, procurando em vão por sua aplicação à própria situação, ou ela não tentará nada. Em ambos os casos, acrescentei um fardo e aumentei o risco de dependência no relacionamento, pelo que se torna mais importante agradar-me do que descobrirmos juntos o que agrada a Deus. Além disso, muitos já vivem presos em suas cabeças e usam a razão como uma forma de evitar a experiência de Deus. Não há nada de errado em sugerir livros que os ajudem a estar mais bem informados bíblica, teológica ou historicamente, desde que saibamos o que estamos fazendo e não deixemos que os encontros de orientação espiritual se transformem em uma discussão de ideias. Orientandos com fome intelectual podem ser incentivados a participar de maneira mais plena no programa de formação cristã de sua paróquia ou a fazer um curso na escola diocesana de teologia. A maioria dos seminários acolhe alunos de meio período e os limites denominacionais podem ser facilmente superados.

Embora eu quase nunca especifique, sugiro: "Este livro foi de grande proveito para mim; talvez também possa ser para você. Mas não se sinta obrigado a ficar com ele se não lhe parecer útil". É importante que a sugestão seja oferecida com leveza e possa ser descartada. Às vezes, os frutos são produzidos lentamente. Uma pessoa que oriento recentemente veio ao meu escritório, muito entusiasmada com um livro que mencionei há mais de um ano. Ela confessou que parou para comprá-lo na livraria do seminário no caminho de casa, olhou rapidamente e, achando-o quase incompreensível, colocou-o na prateleira. Um ano depois, ela o pegou e descobriu que era tudo aquilo de que precisava. O *timing* dela foi melhor do que o meu!

Sempre incentivo as pessoas a lerem a Bíblia, não começando com Gênesis e terminando com o colapso quase inevitável em Levítico ou, para as verdadeiramente tenazes, em Crônicas. Em vez disso, convido-as a começar com um dos Evangelhos e a lê-lo como se fosse um *best-seller* há muito esperado. Isso choca aqueles que são devotos, que até então liam as Escrituras "devocionalmente", isto é, com suas mentes desligadas e suas emoções amortecidas. No entanto, também os desperta para a vitalidade da Bíblia e a conexão da própria história com a do Evangelho. Em seguida, sugiro salmos, ressaltando que, embora o Salmo 22(23) ofereça um conforto familiar, o Salmo 87(88) pode ser mais realista para certos estados de espírito.

> ⁷Lançaste-me na cova mais profunda,
> nas trevas abissais de um sorvedouro.
> ⁸Pesa em cima de mim a tua cólera,
> todas as tuas ondas me acabrunham.
> ⁹Afastaste de mim os meus amigos,
> prisioneiro me encontro e sem saída.

Para aqueles que têm dificuldade em reconhecer a própria raiva, a extravagante vingança do Salmo 57(58) é uma revelação:

> ⁷Quebra-lhes, Deus, de sua boca os dentes;
> destroça em tais leões suas mandíbulas.
> ⁸Como a água a escorrer, desapareçam;
> como a relva pisada, logo murchem.
> ⁹Como a lesma em seu rastro, se desmanchem;
> não mais vejam o sol, como o abortado.

É extremamente libertador para as pessoas que orientamos ficar cientes da gama de emoções humanas presentes nos salmos, muitas vezes uma surpresa libertadora para aquelas que têm medo de expressar dúvida, desespero ou raiva.

Outros tipos de "lição de casa" também podem formar uma ponte entre nossos encontros. Já observei a importância de encorajar a pessoa a explorar novas maneiras, horários e lugares de oração, em especial quando as práticas atuais se tornaram superficiais.

Com frequência, minha tarefa é "iluminar", não transformar a oração em trabalho, mas escutar Deus e deixar-nos surpreender. A adesão excessivamente rígida a uma disciplina espiritual construída em torno da observância litúrgica formal e de um tempo de oração muito estruturado pode trabalhar contra a santificação do que é comum, cotidiano. Cristo está efetivamente aprisionado, para ser visitado em horários determinados e, de outra forma, ignorado. Posso sugerir, portanto, que dê ouvidos ao Pai durante uma caminhada em uma rua suja da cidade, no silêncio do campo, ou talvez em alguns minutos acariciando um bebê ou uma criança.

Em nossa tendência de espiritualizar, negligenciamos nossos corpos. Em meu trabalho com seminaristas, me pego perguntando a respeito de nutrição, exercícios e hábitos de sono, e quase sou autoritária nas conversas sobre autocuidado. Os orientandos limitados por doenças crônicas ou debilitantes precisam ser lembrados de que se dirigir ao limite da resistência é destrutivo, não heroico. Arthur, que sofre de uma doença degenerativa e cujo prognóstico é ruim, precisa de ajuda para superar sua negação. Ele vê sua doença como um teste divinamente enviado (se não uma aflição) e está determinado a continuar como se ela não existisse. Para ele é difícil pedir ajuda, e ainda mais difícil cuidar de si mesmo, quando sua coordenação motora falha e seu corpo clama por descanso. Ele se acusa de infidelidade quando um episódio de doença o obriga a restringir, mesmo que temporariamente, seu trabalho voluntário em um abrigo para pessoas sem-teto. É um trabalho árduo levá-lo a amar o próprio corpo enfermo tanto quanto ama os hóspedes do abrigo.

Certo autoritarismo de minha parte em relação ao autocuidado parece ser bem-vindo, como se o orientando dissesse a si mesmo: "Se minha orientadora espiritual diz que devo, então devo correr ou jogar uma partida de tênis. E é uma questão de santa obediência conseguir uma babá pelo menos duas vezes por mês para que eu possa passar uma noite sozinho com minha esposa". Existe certa cumplicidade lúdica: o orientando e eu sabemos que a "tarefa" é de fato uma permissão, uma permissão que não seria necessária se ele pudesse honrar e cuidar de si como parte da criação.

Na maioria das vezes, as tarefas que passo são "pensar sobre" alguma coisa. Convido a pessoa orientada a pensar a respeito de suas imagens de Deus, as possíveis imagens que ela tem dele, os trampolins ou momentos decisivos em sua vida, as peles lindas ou não tão lindas que pode ter deixado para trás a cada momento de transformação. Recomendo que façam uma lista, ou pelo menos anotações, porque a escrita promove o foco e a especificidade. Tenho que trabalhar muito para lembrar que alguns acham que escrever é um fardo, de modo que a mera sugestão de fazer um diário restringe o fluxo de pensamentos e imagens. Exorto-os a encontrar a própria maneira de fazer: talvez escrevendo em um livrinho lindamente encadernado, com uma caneta-tinteiro adequada, talvez usando um processador de texto, talvez até mesmo um gravador.

Por fim, peço aos orientandos que estejam atentos aos motivos de celebração em sua vida. Isso pode ser um trabalho árduo, em especial quando se sentem abandonados por Deus e vivem no fundo de um buraco. Um pouco de humor gentil ajuda aqui, assim como a memória de Corrie ten Boom. A devota holandesa e sua irmã Betsie estavam tentando obedecer à injunção de Paulo aos tessalonicenses de agradecer por todas as coisas, até mesmo pelas circunstâncias de sua prisão no campo de concentração nazista em Ravensbrück[31]:

> "Obrigada", continuou Betsie serenamente, "pelas pulgas e pelas..."
> "As pulgas! Isso foi demais." "Betsie, não há como nem mesmo Deus me tornar grata por uma pulga."
> "Dê graças em todas as circunstâncias", ela citou. "Não diz 'em circunstâncias agradáveis'. As pulgas fazem parte deste lugar onde Deus nos colocou."[32]

Mais tarde, as irmãs descobriram por que elas e as outras mulheres haviam ficado relativamente livres do assédio dos guardas do campo: o quarto onde estavam presas estava cheio de pulgas e os guardas temiam o contágio.

Deve ficar claro que não devemos esperar que nossos orientandos vivam à altura da heroica santidade de Corrie, nem devemos encorajá-los a buscar e desfrutar o sofrimento. No entanto, quase todo mundo é atormentado por alguma versão das pulgas de Corrie. Na verdade, as pulgas espirituais podem ser muito mais difíceis de suportar do que doenças mais espetaculares. As criaturinhas traquinas perdem seu poder, mas, leve, ironicamente, mesmo com pesar, nós e

---

31. O campo de concentração Ravensbrück abrigava apenas mulheres e estava localizado a noventa quilômetros de distância de Berlim. (N. do T.)
32. BOOM, CORRIE. *The hiding place*. Ada, Chosen Books, 1988, 198-199. [Trad. bras.: *O refúgio secreto*, Curitiba, Pão Diário, 2006. (N. do T.)]

nossos orientandos podemos agradecer por elas como "parte do lugar onde Deus nos colocou".

O lento trabalho de Deus

Alguns irmãos… foram ver o *Abba* Félix e imploraram que ele lhes dissesse uma palavra. No entanto, o velho ficou em silêncio. Depois de muito tempo que eles lhe perguntaram, disse-lhes: "Vocês gostariam de ouvir uma palavra?". Eles disseram: "Sim, *abba*". Então, o velho disse-lhes: "Não há mais palavras hoje em dia"[33].

Quando as pessoas vêm a nós em busca de orientação espiritual, geralmente presumimos que, como os discípulos do *abba*, elas esperam uma palavra profunda e até transformadora de nossa parte. Os orientadores espirituais, porém, como todos os bons professores, precisam viver com o silêncio não apenas para suportá-lo, mas para se sentir confortável com ele. Se quisermos ajudar os outros no trabalho de conhecer e serem conhecidos, para se definirem autêntica e espontaneamente em relação a Deus e seu mundo, temos que estar dispostos a esperar com eles e, muitas vezes, reconhecer que não há palavras.

O silêncio raramente é confortável. Estamos acostumados a querer certeza e clareza. No entanto, no silêncio, abraçamos a ambiguidade e a escuridão. Aqueles que buscam orientação espiritual geralmente querem respostas, querem até que lhes digam o que fazer, mas, se perseveram, descobrem que a escuridão e o silêncio aumentam em vez de diminuir. Ao buscar respostas, descobrem que suas perguntas proliferam. A grande questão central permanece: "Bom mestre, o que devo fazer para herdar a vida eterna?".

No entanto, à medida que o exploram, movendo-se em direção ao seu coração, o mistério se aprofunda. Orientadores espirituais fazem bem em recordar o conselho de Rilke ao jovem poeta: amar e viver as perguntas. Bons professores adoram perguntas porque amam o mistério de salas trancadas e livros escritos em uma língua estranha, além da necessidade de paciência e confiança quase infinitas "no lento trabalho de Deus".

---

33. WARD, *Desert Christian*, 242.

Capítulo três

Parteiro da alma

> Cuide apenas do nascimento em você e vai encontrar toda a bondade e toda a consolação, toda alegria, todo o ser e toda a verdade. Rejeite-o e rejeitará a bondade e a bênção. O que vem a você neste nascimento traz consigo o puro ser e a bênção. Mas o que você procura ou ama fora deste nascimento o levará ao nada, não importando o que deseja ou aonde você vai.
>
> (Mestre Eckhart)

> Havia entre os fariseus um chamado Nicodemos, dos mais importantes entre os judeus. Ele foi encontrar-se com Jesus à noite e lhe disse: "Rabi, bem sabemos que és um Mestre enviado por Deus, pois ninguém seria capaz de fazer os sinais que tu fazes, se Deus não estivesse com ele". Jesus respondeu: "Eu te afirmo e esta é a verdade: se alguém não nascer do alto, não poderá ver o Reino de Deus". Nicodemos perguntou: "Como é que pode o homem nascer, quando já é velho? Porventura poderá entrar de novo no seio de sua mãe e nascer?".
>
> (Jo 3,1-4)

> E o rei do Egito, falando às parteiras dos hebreus, uma das quais se chamava Séfora, e a outra Puá, ordenou-lhes o seguinte: "Quando assistirdes as hebreias, estai atentas no momento do parto: se for menino, matai-o; se for menina, deixai-a viver". As parteiras, porém, temiam a Deus e não fizeram como lhes mandava o rei do Egito, mas deixavam viver os meninos. Chamou-as, então, o rei do Egito e lhes disse: "Por que procedeis assim, e deixais viver os meninos?". Elas responderam a Faraó: "As hebreias não são como as egípcias. São mais vigorosas, e já dão à luz antes de chegarem as parteiras". Por isso, Deus mostrou-se propício com as parteiras, enquanto o povo continuava a crescer e a tornar-se extremamente forte. Quanto às parteiras, por terem temido a Deus, ele lhes concedeu uma família.
>
> (Ex 1,15-21)

Séfora e Puá são nomes muito pouco conhecidos! Essas duas mulheres intensamente práticas e corajosas estão escondidas na rica narrativa do Êxodo, merecendo apenas algumas linhas do texto, quando comparamos com o exaustivo relato da liderança de Moisés sobre Israel. Dizem-nos pouco além de seus nomes, mas o que seria da história sem essas parteiras tenazes e guardiãs astutas da nova vida? Ironicamente, Séfora e Puá figuram como guardiãs na história do Êxodo e, em última análise, em *nossa* história. Nosso álbum de família é a palavra de Deus retratada por autores masculinos que tratam sobretudo de iniciativas e experiências masculinas; no entanto, está pontuado por narrativas de gravidez e parto, histórias de vida nova que redirecionam e transformam. Séfora e Puá estão unidas nesse álbum a Agar, que fugiu para o deserto com seu filho; Sara, que riu diante da ideia de sua maternidade; Raquel, que chorou por seus filhos; e Ana, cujo fervor na oração para ter um filho foi confundido com embriaguez. Essas mulheres cruciais do Antigo Testamento nos preparam para *a* história, o grande mistério da Encarnação, tornada imediata e vívida na sensível narração de Lucas. Cada mulher que carregou uma criança dentro de si ecoou a pergunta de Maria ao anjo: "Como pode ser isso?". Mesmo que tenha experimentado a alegria de Maria, também sentiu medo, perplexidade e sua necessidade de solidão e companheirismo.

A linguagem da piedade está carregada de imagens de parto. Mesmo Paulo, um misógino de renome, descreve o desejo de Deus em termos da primeira etapa do trabalho de parto:

> Nós sabemos que a criação inteira geme até agora como que em dores de parto. E não só ela, mas nós também, que possuímos o Espírito como primeira dádiva de Deus, gememos, interiormente, esperando a filiação adotiva, a redenção de nosso corpo (Rm 8,22-23).

Paulo parece saber o que está falando, que o nascimento é um processo difícil, doloroso e confuso. Mais forte de todos, porém, é o Evangelho de João no relato da conversa de Jesus com Nicodemos, o fariseu que lhe veio à noite, secretamente e movido pelo mistério (cf. Jo 3,1-4). Jesus responde à sua pergunta, antes que a faça, dizendo ao buscador talvez mais do que ele quer ouvir: você deve nascer de novo. Há ironia e humor nessa história, que narra como dois homens instruídos discutem a logística do nascimento e repetem uma experiência aparentemente impossível de repetir. Nicodemos, como Maria, exclama maravilhado: "Como pode ser isso?".

O Antigo Testamento contém uma imagem poderosa de Yahweh como uma parteira. O salmista declara: "Desde que fui gerado me conduzes, de minha mãe ao seio me abrigaste. Desde que vim à luz te fui entregue, desde o ventre materno és o meu Deus!" (Sl 21(22),10-11).

Colocados, como estão no Salmo 21(22), junto ao grande grito de desolação e abandono dado por Jesus na cruz, esses versos são especialmente pungentes. Somos lembrados de que a parteira ajuda a vida nova a surgir e protege-a; ainda mais do que a mãe, ela é a terna guardiã de sua segurança. Apesar de décadas de leitura desse salmo e de ouvi-lo lido solenemente a cada Quinta-Feira Santa, eu passava alheia a esse convincente retrato de Deus como ajudante de nascimento até que um dia as parteiras saltaram daquela página sobre mim. Séfora e Puá podem muito bem ficar como um ícone, as antepassadas de todas as parteiras, mas por trás delas está outro guardião fiel da vida nova. O Senhor é meu pastor, nada me faltará. O Senhor é meu parteiro; serei mantido em segurança.

As imagens maternas e de nascimento das Escrituras, junto com suas histórias de natividade tão milagrosas quanto comuns, tornaram-se tão corriqueiras em nossa consciência religiosa que correm o risco de passar ao segundo plano como um papel de parede sem graça espiritual. "Nascer de novo" tem um viés carismático e quase desencarnado; assim, para os cristãos tradicionais, cheira a excesso emocional. A Anunciação também se tornou metáfora, transformada por artistas, desde Hans Memling até os artesãos anônimos de cartões de Natal, em um belo quadro, em vez de um encontro aterrorizante. Ajuda a limpar a cena de toda piedade sentimental, se alguém é capaz de imaginar isso ocorrendo na normalidade da vida diária. Como me sentiria, me pergunto, se o anjo aparecesse em minha cozinha, no final de um longo dia? Ou se estivesse me esperando em meu escritório quando voltasse, esgotada, de uma aula ou de uma reunião do colegiado? Essas e outras histórias de nascimento e parto, portanto, não são mero pano de fundo, mas formam a rica matriz de nossa fé.

Um dos efeitos libertadores do movimento das mulheres foi tornar uma grande quantidade de experiência humana disponível, aceitável e utilizável. Assim como Bertolt Brecht revolucionou o teatro, apresentando o ordinário como extraordinário, essa nova e ampliada perspectiva possibilita novas formas de ver e de fazer as conexões. É muito fácil ver as imagens de nascimento nas Escrituras (e na linguagem da piedade popular) como abstratas, sem derramamento de sangue, distantes da experiência humana. No entanto, se tivesse que citar minha experiência espiritual ou teológica mais profunda, sem hesitação, mencionaria o nascimento de meus três filhos. Isso não tem nada que ver com o meu carinho para com os bebês, em geral – como todas as pessoas, eles podem ser charmosos ou difíceis, encantadores ou não –, nem com o meu relacionamento pessoal (e tendencioso) com meus filhos. Em vez disso, cada parto foi um vislumbre do mistério da Criação e da Encarnação.

É o momento em que, nas palavras do místico Mestre Eckhart, assistimos à nova vida em nós. Algumas de nós deram à luz; outras testemunharam ou ajudaram a trazer bebês ao mundo. Decerto, todos lemos livros, vimos filmes e ouvimos histórias; temos os nossos medos, revolta, inveja e fascinação com o nascimento, e não necessariamente nessa ordem. O mais importante é que todos nós nascemos. Começamos no abrigo escuro do útero materno e fomos trazidos à luz. Embora possamos morrer sozinhos, ninguém nasceu sozinho, então o nascer pressupõe relação, conexão e comunidade.

Embora tenhamos experimentado o processo de nascimento humano, nascemos de novo em nosso batismo. Se Eckhart deve ser levado a sério, damos à luz e nascemos repetidamente: o nascimento de Deus em nossa alma é o nosso verdadeiro nascimento. Como as mulheres hebreias no Egito, precisamos de ajuda. Necessitamos de parteiras, essas assistentes cuidadosas que Deus "trata bem".

A imagem da orientadora espiritual como parteira me inspira, pois eu gostaria de emular Séfora e Puá em sua coragem e compromisso. Ou eu poderia modelar minha função de parteira espiritual com base na mulher celta, que servia de "parteira de joelhos", "mulher ajoelhada" ou "auxiliar de parto", e que fazia do parto um sacramento. Conforme descrito por Alexander Carmichael em sua obra *Carmina Gadelica*[1], o recém-nascido era levantado acima do fogo por três vezes

---

1. *Carmina Gadelica* é uma coletânea de textos de origem gaélica que apresenta diversos gêneros de escritos – orações, hinos, feitiços, encantamentos, bênçãos, poemas... –

e, em seguida, carregado três vezes em volta do fogo na direção do sol.

Então, a parteira prosseguia com o ritual:

> Quando a imagem do Deus da vida entrou no mundo, coloquei três pequenas gotas de água na testa da criança. Coloco a primeira gotinha em nome do Pai, e as mulheres presentes dizem Amém. Coloco a segunda gotinha em nome do Filho, e as mulheres presentes dizem Amém. Coloco a terceira pequena gota em nome do Espírito Santo, e as mulheres presentes dizem Amém. Rogo aos Santíssimos Três que lavem e banhem esta criança e a preservem neles mesmos. E as mulheres que assistem dizem Amém. Todas as pessoas da casa estão levantando suas vozes com as mulheres presentes, dando testemunho de que a criança foi confiada à Trindade bendita[2].

Esse ritual era o "batismo de nascimento": a criança seria formalmente batizada oito dias depois.

Acima de tudo, sinto-me atraída pela avó apalache[3] de tempos antigos, que estava disposta a viajar a pé ou em uma mula no terreno acidentado das montanhas do sul para estar presente em nascimentos remotos e humildes. Ela vive na tradição oral, mas sua imagem está desaparecendo. Imagino-a como imperturbável, cheia de uma forte compaixão e capaz de sobreviver com qualquer coisa que tivesse à mão.

É importante lembrar, contudo, que a parteira não é necessariamente uma mulher casada, ou mesmo uma mulher. O significado literal da palavra é "com-mulher", ou seja, a pessoa que está com a parturiente. Até tempos recentes, costumava-se dar à luz com a ajuda de outra mulher, cujo conhecimento baseava-se apenas na própria experiência. Durante os séculos XIX e XX, a prática ficou fora de moda e até foi legalmente suprimida nos países industrializados, mas

---

que foram reunidos entre o final do século XIX e início do século XX pelo escritor Alexander Carmichael. (N. do T.)

2. Citado em WAAL, ESTHER DE (ed.). *The Celtic Vision*. Petersham, St. Bede's, 1988, 111. Uma oração semelhante é registrada por BROOKE, Avery, em *Celtic Prayers*, New York, Seabury, 1981, 22-27.

3. Os apalaches são os indígenas nativos da região montanhosa dos Estados Unidos oriental, onde há os Montes Apalaches, estendendo-se desde a Pensilvânia até o Alabama. (N. do T.)

a profissão de parteira agora está desfrutando de um ressurgimento. A nova geração não pertence ao grupo das "mulheres ajoelhadas" nem às avós, mas são profissionais de saúde muito qualificadas.

Como a parteira, os orientadores espirituais são "com mulheres" e "com homens". Enquanto dar à luz biologicamente é uma prerrogativa do sexo feminino e as parteiras são fêmeas, no ministério da orientação espiritual, anatomia não é um destino. Assim, o imaginário feminino e a linguagem deste capítulo não implicam exclusividade. Tanto homens como mulheres podem ser parteiros sensíveis da alma.

O que a parteira faz

A parteira está presente para outra pessoa em um momento de vulnerabilidade, trabalhando em situações que são intensas e íntimas. É uma relação de confiança e respeito mútuo. Diferente da maioria dos médicos, ela não teme que seu profissionalismo seja ameaçado por um grau de intimidade com as mulheres que lhe vieram pedir ajuda. Está disposta a ser chamada por seu nome de batismo e se dirige à parturiente pelo dela. Ela faz as coisas *com*, não *para*, a pessoa que dá à luz.

A parteira é também uma professora, no melhor sentido da palavra, uma vez que ajuda a parturiente a caminhar na direção de um autoconhecimento cada vez maior. No início do relacionamento, emprega tempo para estabelecer um relacionamento confortável em que nenhuma pergunta é irrelevante ou "burra". Como os autores de *The Complete Book of Midwifery* (Livro completo da profissão de parteira) notam:

> Quase todas as pacientes a quem prestamos o nosso serviço nos disseram que se sentiram muito mais confortáveis e livres para serem elas mesmas com a gente. Elas não têm vergonha de fazer perguntas pessoais, de expor seus medos e seus corpos.

A parteira convida-nos a fazer perguntas e, em seguida, gasta tempo para respondê-las:

> Nós não nos sentamos atrás de uma mesa cheia de papéis para perguntar se a paciente tem alguma dúvida. Nós nos sentamos sempre ao lado dela e deixamos que fale o quanto quiser, especialmente

durante as primeiras consultas do pré-natal, quando ela costuma estar repleta de perguntas[4].

A parteira auxilia em um evento natural. Ao contrário do médico, ela não lida com doença ou patologia, mas é experiente o suficiente para procurar ajuda quando estas estão presentes. Não se apoia em doses pesadas de drogas para eliminar dor nem em memória maçante. Tradicionalmente, usa as mãos, em vez de instrumentos ou ferramentas. Ela as usa para limpar o suor da testa; para segurar a mão da parturiente; e, por fim, para guiar, firmar e receber o bebê. Sob sua orientação, o parto é um processo humano, baseado no contato humano simpático ao longo de todo o processo.

Uma parteira vê com clareza o que a parturiente não pode ver. Ela conhece o período de transição – um momento de desespero, dor aparentemente incontrolável e náuseas – como um sinal de avanço e de grande progresso. Pode encorajar e interpretar quando a parturiente sente que perdeu o controle e que não vai conseguir. Sabe quando a parturiente deve empurrar, quando deve segurar, quando deve respirar profundamente e quando ofegar em respirações superficiais. O corpo da mãe *deve* saber disso por instinto, mas o medo e a dor podem levá-la a esquecer.

A parteira sabe como e quando a confrontar. A arte do confronto é delicada e é, às vezes, erroneamente confundida com um ataque desastrado. Confrontar significa enfrentar o outro; no trabalho de parteira, tanto física como espiritualmente, o desapego amoroso de quem presta ajuda pode trazer clareza à situação. Às vezes, é um simples reconhecimento da intensidade da dor: "Não tenha medo de reclamar, mesmo de gritar. Não tenha medo de pedir ajuda". Em outras ocasiões, é um lembrete de que a parturiente ainda está no controle e tem o poder de ajudar a si mesma; assim, talvez gritar seja uma reação melodramática e autoindulgente naquele momento. Como uma boa treinadora, professora ou líder em combate, a parteira é capaz de empenhar o coração, perguntar e até mesmo exigir o que aparenta ser impossível. Por fim, a

---

4. BRENNAN, BARBARA; HEILMAN, JOAN RATTNER, *The Complete Book of Midwifery*, New York, E. P. Dutton, 1977.

parteira se alegra com o bebê. Com a parturiente, é capaz de celebrar a beleza e o absurdo dessa pequena nova criatura.

Fatos da vida

Quando comecei a fazer o trabalho de orientação espiritual e senti-me chamada a ajudar no trabalho de parto espiritual dos outros, fiquei impressionada com as semelhanças com o processo de nascimento físico. Para quem ainda não experimentou o trabalho de parto e nascimento em primeira mão, os parágrafos que se seguem tecem um breve esboço do progresso da gravidez e do parto, junto com o processo espiritual análogo. (Como sugiro a meus alunos no seminário, um velho filme da Cruz Vermelha pode servir a esse propósito da mesma forma!)

Em primeiro lugar, há *um longo período de espera e incerteza*. A gestante pensa: "Talvez não esteja mesmo grávida, mas de alguma forma me sinto diferente". A gama de experiências e sentimentos durante esse tempo é surpreendente: alegria se mistura com tristeza, expectativa ansiosa com sonolência desacostumada. Para algumas, vem a náusea, e quase todas experimentam o fenômeno da mudança de paladar: todas as piadas sobre o desejo de combinar alimentos estranhos, como picles e sorvete, têm sua base na experiência humana. Uma mulher prestes a dar à luz se sente como se tudo estivesse mudando; emoções tornam-se extremas e não confiáveis. Quase simultaneamente, a mulher grávida se sente em desamparo e com grande poder, com esperança no futuro e medo do desconhecido. Extrovertidas tornam-se introspectivas e surpreendem-se com sua serenidade. Com o tempo, essa sensação de distorção torna-se física, bem como emocional: seu corpo parece simplesmente *errado*, fora de forma e desconfortavelmente apertado ao redor da cintura, pelo menos até que a gravidez esteja avançada para que adquira o suporte orgulhoso da fecundidade visível. E há uma crescente falta de jeito físico, como se algo tivesse ocorrido com seu senso de equilíbrio!

Essa é uma lista mínima. Toda vez que compartilho isso com outras orientadoras espirituais ou com seminaristas que são mães biológicas, somos capazes de adicionar algo mais a ela com base em nossa experiência coletiva. É impressionante como muitas vezes os mesmos "sintomas" são apresentados por aqueles que vêm – seja tímida ou agressivamente – buscando orientação espiritual.

Como é que uma mulher sabe que está grávida de uma criança? Como você sabe se está grávida(o) espiritualmente? Quando – talvez em um nível muito modesto – o anjo chegou a você por meio das páginas da Escritura, na liturgia, na consciência de um estudo ou na inconsciência dos sonhos? Quando o anjo veio a você em um lampejo de consciência, muitas vezes em um ambiente altamente mundano – escritório, supermercado, seu carro na estrada –, e disse: "Salve, ó cheia(o) de graça, tenho algo para você! Prepare-se para ter sua vida virada de cabeça para baixo".

Em ambos os casos, o tempo trará as respostas. Na gravidez física, os primeiros sinais podem ser enganosos, em especial para as inexperientes. Há décadas, durante dois meses, eu atribuí sentimentos misteriosos e alterados à elevada altitude da Cidade do México e achava que me "ajustaria". O tempo mostrou algo diferente! Da mesma forma, nos estágios mais avançados da gravidez, a primeira vibração de uma nova vida pode ser descartada como uma ilusão, um truque da imaginação. Simplesmente não parece chacoalhar as coisas o suficiente. Do mesmo modo, as agitações iniciais do Espírito dentro de nós podem ser pequenas e aconchegantes, facilmente descartáveis porque não aparecem como algo avassalador.

Embora os sintomas de mal-estar espiritual e desequilíbrio despertem cuidadosa atenção, nem todo mundo está "grávido", nem todos são candidatos à orientação espiritual, pelo menos não em todas as fases da vida. Existem os que são religiosamente observantes e estão satisfeitos com sua vida espiritual como parte de uma comunidade eclesial. Não ocorreria a estes o desejo de entrar na intensa relação "face a face" da orientação espiritual tradicional, nem mesmo de se tornar parte de um grupo de "amigos espirituais". Isso talvez seja uma questão de temperamento, bem como de geração e experiência de vida. Depois, há aqueles cuja espiritualidade está dirigida para fora. Eles encontram Deus no serviço, na ação, na superação. Os ritmos espirituais são como ritmos corporais: a respiração exige tanto inspiração quanto expiração, recolher e desapegar-se. Com frequência, mas nem sempre, quem está se voltando para fora – expirando, por assim dizer – não está no momento certo para a orientação espiritual. Mais tarde, talvez, mas não agora.

No entanto, há aqueles que sentem que algo está acontecendo com eles e dentro deles. Seus gostos estão mudando, bem como seu equilíbrio. Às vezes, vêm arrastados por uma crise: uma experiência de conversão, uma perda trágica, um período de grande dor, uma consciência nítida de estar em uma situação-limite. À medida que se aproximam da meia-idade, especialmente as mulheres, podem sentir-se impelidos a explorar sua espiritualidade quando descobrem sua voz como nova e imprevisivelmente confiável. Homens e mulheres com todo tipo de experiências de vida e de todas as idades podem sentir um chamado, não necessariamente uma vocação ao ministério ordenado, mas apenas a consciência de que Deus espera que façam algo com sua vida. O quê? Às vezes, experimentam um mal-estar espiritual penetrante e indefinível, que não tem nada a ver com patologia, mas gera dores e coceiras que os levam a pedir ajuda. Outras, vêm cheios de surpresa e alegria: depois de anos, talvez décadas, de fiel observância, experimentaram uma súbita consciência da presença e da graça de Deus. Sentem-se fecundos, alegres e esperançosos, mas não sabem o que fazer com isso.

Como um parteiro espiritual, a tarefa do orientador é prestar atenção, ouvir o que não está sendo dito – ou o que *está* sendo dito, mas minimizado. Aqueles que procuram um orientador espiritual pela primeira vez são quase invariavelmente apologéticos e rápidos para minimizar a sua experiência de anunciação, pelo menos até que estejam convencidos de sua validade; por isso, nossas conversas muitas vezes começam com um aviso: "Não sei de fato por que estou aqui. Não deveria estar tomando seu tempo. Mas…". Falar de Deus é difícil; a muitos dos que anseiam por orientação espiritual, falta vocabulário para descrever seus sintomas e imaginação para vislumbrar os frutos de seus partos (uma pena!). Só sabem que estão experimentando mudanças internas, às vezes de forma alarmantemente alegre; outras, profundamente perturbadora. Distúrbios, desequilíbrios e náuseas espirituais não são mais agradáveis do que os fenômenos físicos análogos, mesmo quando são sinais de vida e de fecundidade.

Na dúvida, sempre assumo que Deus está trabalhando de fato. Isso não pode ser dito com muita frequência: em primeiro lugar, devemos levar cada pessoa a sério e valorizá-la como filha de Deus. Assim, como o bom anfitrião observa a advertência de São Bento de que cada hóspede deve ser recebido como o próprio Cristo, a boa parteira da alma assume que uma nova vida está germinando na pessoa que a procurou.

Após o longo tempo de espera, vem o *início do trabalho*. Como a conversão, isso pode ocorrer de forma súbita ou lenta e gradual. Pode haver alguns alarmes falsos. No entanto, rápida ou gradual, hesitante ou definitiva, quando por fim acontece, há uma sensação do inevitável. Não há como voltar atrás, não existe retorno para seu estado de origem. Isso pode ser ao mesmo tempo assustador (o conteúdo está fora de nosso controle) e jubiloso, algo está *finalmente* acontecendo.

A primeira etapa: presença, paciência e espera

Em seguida, vem o *trabalho em si*. A terminologia é apropriada. Parir é trabalho difícil, focado, intenso. O trabalho de parto é um momento de concentração, maior consciência e atenção. No entanto, não é indiferenciado; existem distintos estágios e cada um deve ser compreendido e respeitado.

O primeiro estágio é um tempo de espera pelo momento de prontidão. Esse é um tempo de contrações rítmicas, que crescem em intensidade dolorosa. Entusiastas do parto natural desaprovam designá-las como dores de parto, preferindo o termo mais neutro: "contração". Contudo, parir, física ou espiritualmente, não é um processo de todo alegre. Seja essa fase curta ou longa, é um tempo de espera, de relaxar e respirar devagar. Acima de tudo, é um momento de receptividade e um tempo de exercitar a paciência (em especial, no que se refere à parteira). Isso pode ir contra a corrente vigente em nossa sociedade impaciente e orientada a resultados, mas fazer esforço nessa ocasião é contraproducente. Analogamente, enquanto os estágios iniciais da relação de orientação são um tempo de contar histórias, comparável ao cuidado tomado pela parteira ao ler um histórico médico, grande parte do trabalho do orientador nessa fase é também devotado a explorar lentamente as profundezas da história ouvida. É também um tempo para explorar maneiras de orar, de uma forma gentil e sem pressa. A pessoa que se sente presa às palavras impressas da liturgia pode ser incentivada a rezar com a Escritura usando a imaginação, enquanto aquela que ao mesmo tempo deseja e teme a solidão pode experimentar fazer um retiro de fim de semana em uma casa religiosa.

Orientação espiritual não é um ministério orientado a tratar de crise, mesmo que o impulso inicial ao procurar um orientador possa surgir com base em um sentimento de necessidade pessoal urgente. A parteira do espírito não é uma especialista a ser chamada em momentos dramáticos, seja em uma crise causada por patologia, seja no momento final, emocionante, do nascimento. Como uma parteira, ela trabalha com a pessoa inteira e está presente em todo o processo. Ela "tem tempo", ao contrário do médico atado rigorosamente à sua agenda, que está preocupado com detalhes, reclamações e patologia. Ou, em outra situação, ao contrário do clérigo paroquial com compromissos agendados, que está preocupado com as atividades pastorais, administração e liturgia. Em vez disso, ela oferece apoio ao longo de cada estágio e espera com a parturiente quando "nada está acontecendo". Claro, não há momentos em que nada está acontecendo. O crescimento espiritual pode ser gradual e oculto; o orientador-parteiro pode discernir ou pelo menos crer que algo está de fato "acontecendo".

Não nos sentimos confortáveis com a espera. Nós a vemos como tempo perdido e tentamos evitá-la ou pelo menos preencher o tempo com ocupação trivial. Valorizamos a ação por si própria. Mesmo na aposentadoria, as pessoas esperam estar ativas e se vangloriam de se manterem "mais ocupadas do que nunca". É difícil confiar no lento trabalho de Deus. Assim, o modelo da gravidez e do parto é útil. A engenharia genética criou a fertilização *in vitro*, a gravidez de aluguel e façanhas surpreendentes com a fecundidade das vacas leiteiras, mas (pelo menos até agora!) não conseguiu acelerar o processo de gestação. Há momentos em que a espera é inevitável, ordenadora e fecunda.

Junto e com a nossa alta valorização da própria atividade, acreditamos que podemos fazer as coisas melhor por nossas ações. Tudo pode ser corrigido; se não estiver quebrado, pode ser melhorado.

Basta pensar apenas em alguns de nossos ídolos atuais: farmacologia, tecnologia médica, psicoterapia, e sistemas políticos e econômicos da direita e da esquerda. Contudo, grande parte do trabalho da orientação espiritual é ficar na companhia daqueles que estão à espera, do que não pode ser corrigido, reparado ou acertado, e o orientador espiritual faz bem ao emular a contenção das parteiras. A parteira compreende o processo do parto. Pelo menos, nos velhos tempos, elas também o tinham experimentado. Sabe quando pode ajudar, fazer considerações e quando deve apenas estar presente. Intervém apenas quando necessário e útil, nunca por uma questão de "fazer alguma coisa".

Nos orientadores espirituais e também em outros tipos de orientadores, o impulso de "ajudar" as pessoas demora para morrer. Mesmo quando o orientador pensa que já está purificado de tal ingenuidade, o impulso o arrasta de volta, muitas vezes de maneiras cada vez mais sutis. Isso é ainda mais evidente quando a pessoa está aflita e quando é óbvio que circunstâncias exteriores remediáveis estão afetando sua vida espiritual. As pessoas vêm até nós com o que parece ser fardos de um peso esmagador: doença crônica, tanto física como emocional, pobreza, cicatrizes de abuso físico. Para o orientador, tais condições podem parecer adversas e que devem ser eliminadas, ou pelo menos amenizadas, e é uma dura lição reconhecer que a vida em Cristo não é, necessariamente, uma vida sem dor.

Uma mulher que oriento, Jennie, está isolada, com uma doença crônica, experimentando um enfraquecimento cada vez maior e vivendo no limite da pobreza. Há não muito tempo, quando nos sentamos juntas, eu me peguei pensando: "Se essa mulher tivesse um pouco mais de dinheiro, tudo mudaria. Claro, ela ainda estaria doente e solitária, mas...". Eu me surpreendi fazendo planos para "ajudá-la", para apontar maneiras de "consertar tudo". Por fim, deixei escapar: "Quero eliminar a sua dor. Quero ser capaz de fazer tudo isso sumir". Jennie olhou para mim com paciência infinita, acariciou minha mão e disse: "Querida, basta saber que você está comigo e que me ama. Não se preocupe com isso". Ela sabia o que eu tinha esquecido: que às vezes esperamos, porque não há mais nada a ser feito além disso. O maior presente que eu poderia dar a ela não era me fazer de assistente social ou psicoterapeuta, mas acalmar-me e esperar com ela. Estar com ela. Ao fazer isso, tive que reconhecer o meu desconforto com minha impotência.

Do mesmo modo que não nos sentimos confortáveis com a espera, nós encolhemos de passividade por sermos o objeto em vez do iniciador da ação. A menor das doenças pode revelar a fragilidade de nosso controle, uma vez que nos transforma em *pacientes*; os que são destinatários das ações dos outros, sejam elas curativas, sejam elas prejudiciais. Quando somos pacientes, temos que abandonar o controle ou nos privarmos dele, uma condição bastante ofensiva. Mesmo os teólogos ascéticos preferiam falar sobre isso a experimentá-lo. Podemos brincar um pouco de desapego eckhartiano, deixando de lado os hábitos ou modos de ser dos quais é fácil abrir mão, mas rezando para sermos poupados da experiência cataclísmica que rasga em pedaços o nosso tecido cuidadosamente costurado (ou remendado!). No entanto, o modelo de santa espera, de passividade, está diante de nós na vida de Cristo.

Em seu sábio livro, *A estatura da espera*, W. H. Vanstone aponta a mudança radical de Jesus da ação à paixão, observando que o termo "paixão" não se refere tanto ao seu sofrimento, mas ao seu ser "feito para", tornando-se o objeto e não o sujeito da ação. No Evangelho de Marcos, depois de Judas "entregá-lo" (Vanstone prefere esta, em vez da tradução mais usual: "traí-lo"), Jesus fica inativo, fala muito pouco e, em seguida, torna-se ineficaz. No Evangelho de João, com a chegada da noite, Jesus se torna inativo. Nenhum trabalho pode ser feito à noite; é o momento da espera.

> No Evangelho de João, no momento em que Jesus é preso no jardim, ele é preso e então... [sua] liberdade irrestrita de repente se transforma em escravidão. De sua intangibilidade, passa à prisão literal e física de mãos humanas sobre ele. No momento em que Jesus é entregue, passa, de acordo com João, da liberdade irrestrita à total restrição[5].

---

5. Vanstone, W. H., *The Stature of Waiting*, New York, Seabury, 1983, 27.

Em nossa cultura faustiana[6], que valoriza o fazer em detrimento do ser, é esclarecedor ler o Evangelho de Marcos ou o de João com os olhos de Vanstone. Esperar faz parte da condição humana. No entanto, em vez de ser um desperdício lamentável e inevitável, é uma condição para o crescimento humano, potencialmente santo e até mesmo cristão. Como Vanstone nos lembra:

> A espera pode ser a mais intensa e comovente de todas as experiências humanas: a experiência que, acima de todas as outras, nos despoja da afetação e do autoengano e nos revela a realidade de nossas necessidades, nossos valores e de nós mesmos[7].

Como parteiras do espírito, faremos uma grande coisa ao esperar e encorajar os outros a também esperar, nem sempre confortavelmente e por vezes com muita dor.

Aquelas pessoas que são agraciadas com perspicácia são capazes de vislumbrar sua impotência essencial, embora exteriormente sejam empreendedoras que contribuem com sua diligência para o bem-estar comum (Teresa d'Ávila é um excelente exemplo). Essas são as pessoas que muitas vezes vêm a nós para a orientação espiritual, perplexas com a percepção do vazio de sua vida, ocupadas e assustadas com a consciência de sua impotência essencial. Elas querem dar o máximo de si mesmas na vida, mesmo quando veem que isso só está fazendo piorar a dor e atrasar a fruição. Como parteiras, nós as convidamos a abraçar a passividade da espera, para respirarem levemente e tornarem-se receptivas.

E não é tão fácil quanto parece. Reconheço isso quando me encontro com Charles, um pároco bem-sucedido que vive à beira do esgotamento. O vigor espiritual e financeiro de sua paróquia causa inveja a seus colegas, seus paroquianos voltam-se para ele com amor e respeito, beirando a veneração, e seu bispo pensa nele em primeiro lugar quando procura um presidente para a comissão diocesana. No entanto, Charles acha sua vida cinzenta e vazia. Ele se pergunta por

---

6. Relativo a Fausto, famosa personagem criada por Johann Wolfgang von Goethe (1749-1832) e que acabou se tornando um símbolo cultural da modernidade. (N. do T.)
7. VANSTONE, *The Stature of Waiting*, 83.

que está trabalhando tanto, já que nada parece ter importância. E se pergunta por que continua a orar, pois isso também já não parece importar. Nós dois sabemos que ele está em uma posição de espera, mas a espera é difícil: Charles não é um homem disposto a respirar lentamente e parar de se esforçar! Contudo, sua fé é profunda e sua confiança, suficiente. Está disposto a aguentar. Minha única tarefa neste momento é esperar com ele.

Outros que vêm estão exterior e espiritualmente em uma situação de espera. O idoso frágil, o fisicamente imóvel e o doente crônico são exemplos óbvios. A presença é um dos nossos maiores presentes para os moribundos, com frequência desencorajados pelos entes queridos e cuidadores a falar sobre suas experiências. O orientador espiritual pode esperar e ouvir, aceitar o fato da morte com a pessoa que está morrendo. Aguardamos também com os enlutados, sabendo que a dor não pode ser apressada, mas deve ser vivida. Nós sentamos junto a vítimas de todos os tipos, incluindo as sobreviventes de violência, abuso e negligência.

Os orientadores espirituais também exercem um ministério de presença junto aos desempregados, cujo sofrimento é reconhecido em termos econômicos ou sociais, mas raramente como uma crise espiritual. Da mesma forma, as pessoas que se aposentaram, embora sua aposentadoria possa ter sido voluntária e bem-vinda, encontram-se em uma posição passiva, "à mercê de", mesmo quando realizam atividades prazerosas. Em vez de propor mais atividades para mascarar a realidade, o orientador espiritual pode sugerir uma aceitação da espera e convidar à exploração de seu vazio sagrado. Em ambientes menos tradicionais, nosso ministério junto aos sem-teto e aos presos também é de espera paciente e atenciosa.

Percebo que esses parágrafos podem soar como uma receita de negligência benigna por aqueles que, material ou fisicamente, estão "entregues" e encontram-se dependentes das ações de outros. Nada poderia estar mais longe da verdade. Os orientadores espirituais não são assistentes sociais, nem médicos ou planejadores de comunidades. Não podemos e não devemos tentar substituir os profissionais, programas e agências que trabalham para aliviar o sofrimento e promover a integridade individual e comunitária. No entanto, podemos oferecer o que está, inevitavelmente, ausente ao ativismo mais bem-intencionado: uma disposição para esperar com os outros em face de sua impotência, "sentar-se quieto, mesmo em meio às pedras"[8].

A presença mútua

Em sua presença atenta, a parteira não é autoritária, mas tem grande autoridade. Ela tem a habilidade, o conhecimento e a perspectiva que a parturiente não pode ter, mesmo porque está fora do processo. É capaz de realizar um desprendimento amoroso e, ao mesmo tempo, sente-se solidária com a parturiente. A parteira do espírito também precisa experimentar essa solidariedade. Em seu perspicaz livro sobre as mulheres e a orientação espiritual, Kathleen Fischer observa que o mito do especialista é mais prejudicial às mulheres do que aos homens, uma vez que as mulheres têm sido condicionadas a confiar na autoridade. Ela defende, portanto, a desmistificação do processo de orientação espiritual e adverte contra uma padronização dessa relação baseada em um modelo científico, com ênfase na distância e objetividade, que não são adequadas para a cura e o crescimento pessoal[9]. Em outras palavras, mesmo o parteiro espiritual altamente qualificado mantém a abertura e o envolvimento emocional do amador. O desapego amoroso do parteiro espiritual não é sinônimo de distância. Enquanto a autoridade da parteira é um apoio bem-vindo ao parto, ela está comprometida e emocionalmente envolvida, mesmo em seu desapego. Não se pode dizer que não tenha medo de se emocionar.

Com a perspectiva mais clara da parteira que está fora do processo, o orientador espiritual é capaz de oferecer interpretações para o(a) parturiente. Eu digo "oferecer" em vez de "impor", pois o orientador-parteiro nunca pode ver o quadro inteiro. Talvez a pessoa orientada não queira, ou seja incapaz de divulgar uma parte essencial da história, ou a compreensão do orientador seja oferecida de forma

---

8. ELIOT, T. S., "Ash Wednesday", in: ID., *Collected Poems*, New York, Harcourt Brace and Company, 1936, 121.
9. FISCHER, KATHLEEN. *Women at the Well: Feminist Perspectives in Spiritual Direction*, New York, Paulist, 1988, 19-20.

prematura. Esse é um momento de humildade e paciência por parte do orientador, que pode temer que uma abordagem experimental careça de força. Então, as duas pessoas podem também estar crescendo desconfortavelmente com a incerteza da espera e anseiam por clareza, mesmo que ela seja prematura e equivocada. Para a maioria de nós, incertezas são lembranças assustadoras de nossa impotência. Nomear, rotular, classificar nos dá a ilusão de controle, mesmo que o resultado final alcançado seja falso.

Em todo caso, é importante deixar a pessoa orientada livre para aceitar ou rejeitar as nossas intuições. Se estivermos certos, errados, ou apressados, também é reconfortante lembrar que não podemos fazer muito mal, pois é raro as pessoas ouvirem o que não estão prontas para escutar. No mínimo, podemos ter plantado uma semente. Como orientadoras-parteiras, devemos estar dispostas a esperar que a semente germine e cresça até a maturidade, talvez muito tempo depois de nossa relação com a pessoa orientada ter cessado.

Enquanto deixamos o orientando aceitar ou rejeitar nossas interpretações, podemos ajudá-lo apenas proferindo palavras, pois há verdade na afirmação: os demônios são destruídos quando são nomeados. Ao mesmo tempo, podemos ajudar a libertar a pessoa orientada da tirania dos "deveres" e "obrigações". Mesmo que o orientador seja sábio o suficiente para evitar a prescrição de comportamento, a pessoa pode estar autoaprisionada. Então ouvimos: "Eu não deveria me sentir assim, mas...". Ou: "Eu não deveria dizer isso, mas...". O lugar da espera não é necessariamente um lugar de falta de liberdade servil nem de negação repressiva. O orientador pode, de forma delicada ou rápida, dissipar a tensão. Eu me pego dizendo: "Mas você se sente desta forma". Ou: "Quem vai se ofender se você vai em frente e diz isto? Deus já sabe disso e eu provavelmente não vou cair da minha cadeira".

Enquanto esperamos juntos na orientação espiritual, não estamos completamente certos do que estamos esperando. Eckhart nos apresenta a imagem de um Deus tão cheio de amor que ele repetidamente nasce no espaço vazio e acolhedor da alma. Com a tristeza e resignação de nosso tempo, o filósofo Jacob Needleman, autor de diversos livros sobre a busca espiritual, soa como um Eckhart pessimista quando observa que a alma é abortada mil vezes por dia[10]. No entanto, se nós nos alegramos com Eckhart em sua visão de fecundidade abundante ou se nos lamentamos com Needleman da promessa perdida e vida desperdiçada, é claro que, para orientadores espirituais, mesmo o vazio aparente não é estéril. Nos tempos de espera, é suficiente se não fizermos nada mais do que sentar com o parturiente, oferecendo a mão para ser segurada.

A mão reconfortante da parteira é bem-vinda, pois há nas parturientes um medo predominante de que elas serão deixadas sozinhas. Mais precisamente, o abandono é o medo de todos nós, embora, com o passar da infância, aprendamos a controlá-lo ou pelo menos escondê-lo. À medida que escuto as histórias de meus orientandos, parece-me que todos nos sentimos abandonados e que gastamos grande energia (e, muitas vezes, de maneira equivocada) tentando lidar com nossa dor e raiva pela deserção de nossos pais. Deslocados, porque não chegamos fundo o suficiente às raízes do nosso medo: de sermos abandonados por Deus.

Assim, George está relutante em explorar sua relação com um Deus amoroso ou negligente, insistindo que o Senhor não é o problema, mas, sim, seu pai frio e desertor. Seu pai, sem dúvida, *foi* frio e desertor há quarenta e cinco anos, mas agora ele é um ancião e está semi-inválido. Enquanto George tem cicatrizes e feridas de cicatrização lenta – quem não tem? –, é um homem com dons consideráveis. Ele resiste à minha sugestão de procurar psicoterapia para obter autoconhecimento sobre o seu relacionamento com o pai, que lhe serve como um útil propósito: tanto como uma tela quanto como um desvio para impedir que George enfrente seu medo mais profundo. O Deus que ele criou e mantém em uma prateleira é benéfico, ainda que bastante ineficaz, e não tão poderoso ou tão fascinante quanto o papai. Talvez um dia George vá se sentir forte o bastante para colocar o pai de lado, ou até mesmo o perdoar, e olhar diretamente para a sua relação com um Deus de amor e terror. Talvez com o salmista ele possa, então, orar: "Até quando, Senhor? Para sempre te esquecerás de mim?"

---

10. NEEDLEMAN, JACOB. *Lost Christianity: A Journey of Rediscovery*. San Francisco, Harper & Row, 1980, 175.

Até quando me esconderás tua face? Até quando terei em minha alma a revolta e no meu coração, dia e noite, a tristeza?"[11]. A grande barreira, então, será quebrada e uma parte congelada dentro de George vai começar a derreter. Não tenho certeza, contudo, de que isso possa acontecer a menos que ele esteja disposto a procurar ajuda profissional para curar as feridas que carrega dentro de si. No momento, ainda não está pronto para abandoná-las.

Nem todos os orientandos se apresentam em termos tão severos quanto George, mas muitos compartilham sua relutância em articular o seu sentimento de abandono por Deus. Aqui, como em outras situações, são rápidos em culpar a si mesmos e reprimir qualquer sentimento de raiva. Se eles se sentem amputados, devem ter feito alguma coisa para merecer isso. O orientador pode ajudar aqui, lembrando-os de que a sua experiência não é única, não de uma forma que vise minimizar a sua dor, mas, sim, para diminuir o seu isolamento.

O período de transição

A primeira etapa do trabalho termina em um período de transição, que pode ser assustador, até mesmo terrível, se é inesperado. Mesmo quando a transição é compreendida, tem poder surpreendente. A parturiente está tomada por uma força tremenda e sente que, de alguma forma, perdeu o controle. Tudo de repente é muito grande e muito poderoso. Todas as semanas de preparação cuidadosa e instrução parecem inadequadas e triviais. A parturiente pensava que estava preparada e "sabia bem o que fazer", e agora isso não funciona! Ela pode até se sentir traída: ninguém lhe disse a verdade ou talvez ninguém tenha previamente confrontado e entendido a verdade.

No processo do parto, o período obscuro (e que aparenta ser caótico) de transição é o momento de maior desconforto e, pelo menos do ponto de vista da parturiente, de maior necessidade da presença solidária da parteira. Em nossa vida espiritual, também, é um momento crucial. Os antigos métodos já não servem. Os confortáveis ritmos de adoração e oração solitária parecem vazios e estéreis. Foi-se

---

11. Salmos 13(12),2. (N. do T.)

a imagem de um Deus amoroso, um Deus imanente, que pergunta: "Uma mulher olvida a criança de peito? Não estimará o filho de suas entranhas? Embora alguma se esquecesse, eu jamais te esqueceria! Vê, eu te gravei nas palmas de minhas mãos..." (Is 49,15-16).

Essa visão pode ter sido suplantada pela ameaçadora imagem de um Deus raivoso, punitivo: "Ante seu furor, quem se manteria? Quem subsistiria ao ardor de sua ira? Como um fogo, sua ira se derrama, diante dele quebram-se as rochas" (Na 1,6).

Ainda mais provável é a percepção da ausência ou indiferença de Deus, um Deus que escolhe ficar afastado: "Por que, Senhor, ficar assim tão longe e te esconder no tempo da aflição?" (Sl 9B/10,1).

O que foi aprendido e diligentemente praticado já não ajuda. Nada ocorre da maneira que deveria ou, pelo menos, da maneira que esperamos que ocorra. Os momentos solitários de transição podem ser terríveis, porque são tempos de desabrigo espiritual. Embora não seja uma parteira, nem um orientador espiritual (talvez um pouco de ambos), o poeta Rilke oferece uma comovente descrição desse desconfortável, mesmo que frutífero, estágio de transição quando fala de

> instantes em que algo de novo penetrou em nós, algo desconhecido; nossos sentimentos se calam em um acanhamento tímido, tudo em nós recua, surge uma quietude, e o novo, que ninguém conhece, é encontrado bem ali no meio, em silêncio. Acredito que quase todas as nossas tristezas são momentos de tensão, que sentimos como uma paralisia porque não ouvimos ecoar a vida dos nossos sentimentos que se tornaram estranhos para nós. Isso porque estamos sozinhos com o estranho que entrou em nossa casa, porque tudo o que era confiável e habitual nos foi retirado por um instante, porque estamos no meio de uma transição, em um ponto no qual não podemos permanecer[12].

Não é de surpreender que transições sejam momentos em que as pessoas cuja observância religiosa tem sido até então morna e superficial são impelidas a buscar orientação espiritual. Outras, que estão bem estabelecidas em uma relação de orientação espiritual, podem

---

12. RILKE, *Letters*, 64.

decidir deixá-la durante um período de transição, porque acham que de alguma forma "não está funcionando". Ou podem sentir que estão no limiar de algo novo, relutantes em dar o próximo passo. A mulher descrita no capítulo dois, que deixou a orientação espiritual porque era muito exigente, foi muito autoconsciente e sincera. Mais comumente, a resistência à mudança é inconsciente e desarticulada. Em todos os casos, contudo, é tarefa do orientador discernir em que ponto a pessoa orientada está, apesar de sinais confusos e conflitantes, e estar consciente tanto da dor quanto da promessa da transição.

As transições podem ser grandes ou pequenas, bem-vindas ou indesejáveis. Às vezes, podem ser antecipadas, mas muitas vezes vêm como uma surpresa. As mais óbvias envolvem a perda dolorosa causada pela morte de um ente querido, doença grave, divórcio, por outros relacionamentos desfeitos e pelo desemprego. A aposentadoria ou outras mudanças drásticas na forma ou local de moradia também são momentos óbvios de transição. Às vezes, as transições são desencadeadas por mudanças positivas e de boas-vindas na vida da pessoa orientada: início da sobriedade, aceitação da própria orientação sexual após um longo período de luta, casamento, nascimento de uma criança, resolução de questões profissionais. Em vez do sereno velejar esperado, o orientando experimenta um caos espiritual; tudo parece arrebentar justamente no momento em que "experimenta tudo isso".

Mesmo quando não há eventos externos desencadeantes, uma aparente perda de fé pode ser sinal de um tempo de transição. Essa é uma experiência comum aos seminaristas, que percebem a sua fé abalada justo quando esperam que seja mais firme, e os estudos acadêmicos não aliviam a dor, dado que são forçados a olhar criticamente para a Escritura e a história. Da mesma forma, as mulheres podem perceber-se à deriva, com todo o sentido de ordem e significado retirado delas, quando de repente (ou de forma gradual) se veem alijadas pela linguagem masculina da liturgia. Em um ensaio chamado "Take Back the Night", Mary E. Giles descreve esse momento doloroso de liminaridade:

> Em inúmeras situações, hoje as mulheres estão sofrendo a perda dos valores tradicionais, dos sistemas e das relações com a angústia de si mesmas e de seus entes queridos e para o desespero das

pessoas em instituições afetadas pela experiência delas. Quando a perda é radical, ou seja, quando afeta nosso ser total, não é planejada nem desejada, nos reduz ao desamparo emocional, intelectual e físico, deixa-nos suspensas entre um passado escuro e um futuro sombrio tal que todo o nosso ser é envolvido pela perda, nesse momento estamos passando por nossa noite escura. Quando em angústia clamamos "Deus, meu Deus", quando nos sentimos vazias de sentido, quando não sabemos quem é esse Deus a que nos apegamos em silêncio, então estamos passando por nossa noite escura. Sem nenhum toque de aventura exótica, apenas tateando e nos segurando[13].

Em ambos os casos, os fiéis se encontram em uma situação em que as velhas receitas já não servem e da qual não podemos recuar. Eles podem ser tentados a continuar como se nada tivesse acontecido, em especial se as circunstâncias estimulam a conformidade. A maioria dos seminaristas, por exemplo, sabiamente se abstém de discutir o seu difícil e doloroso estado com os órgãos de avaliação que os aprovam à ordenação. Na segurança da relação de orientação espiritual, no entanto, eles podem passar por essa fase com franqueza e até mesmo chegar a reconhecer a necessidade dela.

O orientador pode ajudar nomeando a transição, mostrando o que é: um período de movimento de um estágio para outro, um tempo de mudança e transformação. Com Rilke, podemos indicar que esse é um momento para permanecermos "tranquilos, pacientes e receptivos"[14]. Mesmo uma pessoa teologicamente sofisticada pode ser ajudada pela lembrança de que nossas imagens de Deus são apenas isto – imagens – e, à medida que podemos ver suas limitações, as superamos. A dificuldade surge quando nos esquecemos de que elas são apenas imagens e pensamos, em vez disso, ter colocado Deus de lado. Os espiritualmente estagnados são capazes de viver em um estado de negação, mas o buscador de Deus pode entrar em pânico: "Talvez eu tenha ido longe demais! Eu deveria ter ficado satisfeito com o Deus que eu tinha!". No melhor dos casos, este é um lugar inquietante para

---

13. GILES, MARY E. (ed.), *The Feminist Mystic and Other Essays on Women and Spirituality*, New York, Crossroad, 1989, 61-62.
14. RILKE, *Letters*, 65.

estar. A terra já não parece firme sob nossos pés e, como um dos meus orientandos mais realistas diz: "Tudo está em jogo".

Como uma parteira fiel, o orientador pode ver padrões e forma na ausência de forma aparente. Mais importante, sabe que o tempo de transição tem um começo e um fim, e que a pessoa orientada vai emergir em um novo nível de clareza. Esse é um momento de compartilhar suas intuições com o orientando, que pode ser cético, mas deve ter confiança suficiente para saber que essas não são palavras de consolação banal. Mesmo aqueles que não experimentaram o parto são capazes de compreender o imaginário da transição como uma etapa difícil e confusa conduzindo a uma nova vida. Permanece difícil, mas percebem um sentido em sua aparente falta de sentido. O orientador-parteiro pode ajudá-los a se soltar, a deixar de lutar e a observar com atenção o início da próxima fase. A transição é um tempo de surpresas e o orientador pode ajudar, apontando para sinais em lugares inesperados.

Uma das surpresas desagradáveis da transição é o sentimento de perda que inevitavelmente acompanha a autotranscendência e um novo crescimento. Assim, os novos pais são muitas vezes surpreendidos com as perdas sofridas com o nascimento de uma criança muito querida: espontaneidade, privacidade, autodeterminação, até mesmo a perda de um sentido de identidade. Para um número crescente de pessoas, agora são apenas pais de alguém. Aceitar o crescimento e a mudança de si mesmo é também uma espécie de partida, um deixar para trás o seguro e o conhecido. Às vezes, percebemos a pungência de nossa perda apenas após o fato, mas não há caminho de retorno.

Um dos tesouros no meu escritório é a pele intacta de uma cobra preta da Virgínia, largada como parte do processo de crescimento. Para crescer, certamente para sobreviver, a cobra teve que deixar para trás uma parte de si mesma. Não sei dizer se a perda foi dolorosa ou um alívio, mas a minha imaginação me diz que foi um pouco de cada. Orientandos também largam peles e identidades perseveram em meio à dor das transições, abandonando a segurança de imagens e hábitos ultrapassados para abraçar o novo. Isso é especialmente intenso, pois muitas vezes não há "nada de errado" com a velha identidade ou com a pele trocada; apenas já não são úteis.

A segunda etapa: o trabalho ativo

A segunda etapa começa no meio do caos da transição, com a consciência instintiva da necessidade de empurrar com força a cada contração. Esse é o momento de ativo trabalho em contraste com o trabalho de espera. Toda a atenção da parturiente está concentrada, focada e centrada, o que traz consigo emoção, alívio e grande energia. (Isso pode, no entanto, não ser aparente para o observador casual, que espera ver sinais de dor e exaustão.)

Para o parteiro espiritual, essa segunda fase é a época da colheita. A relação com a pessoa orientada está bem estabelecida, com carinho e confiança de ambos os lados. O longo período de espera passou e a desolação da transição já foi experimentada.

O orientador pode sentir que sua presença é menos importante agora, pois, mais do que nunca, a pessoa orientada está conduzindo o processo. Este é um bom momento para lembrar mais uma vez o que a orientação espiritual de fato é. Não impomos nossa vontade ao outro, mas respeitosamente auxiliamos, à medida que o caminho é discernido: por que caminho vou? Quais são os sinais? Que curva devo fazer? Qual é a minha direção?

Nessa fase – e é importante lembrar que isso não é o final, que todo o processo vai começar de novo e de novo –, a orientação é clara, o nível de energia é alto, e os próximos passos estão aparentes. Por enquanto, a pessoa orientada encontrou a regra e a disciplina que são certas para ela. No momento presente, pelo menos, ela sabe quem é, com uma nova consciência de sua identidade em Cristo. Nessa fase do trabalho árduo, mas focado, a pessoa orientada vive naquela identidade e vive as intuições adquiridas nas fases anteriores. Fica sempre claro para mim, quando trabalho com seminaristas, que a orientação espiritual está relacionada à preocupação com a vocação, pois os caminhos exteriores e interiores estão inextricavelmente emaranhados. Menos óbvio é que todas as pessoas que nos procuram estão lutando com sua vocação, independentemente de suas ocupações diárias. Assim, em certo sentido, a orientação espiritual pode ser vista como semelhante à orientação profissional; espero que tenha pouca similaridade com o sufoco que muitos de nós passamos durante o Ensino Médio!

Essa etapa do trabalho não ocorre sem a dor própria. À medida que o trabalho interno avança, a pessoa orientada experimenta uma familiaridade cada vez maior tanto consigo mesma quanto com toda a criação. O que pode ter começado como uma viagem de autodescoberta torna-se uma jornada para o interior da grande rede de conexão. A compaixão se aprofunda à medida que essa pessoa ultrapassa a autoabsorção, e a compaixão nunca é um dom sem valor ou fácil. O que foi visto não pode ficar invisível: o que é conhecido não pode ser desconhecido. Dar à luz não ocorre sem o seu lado escuro: as mudanças inevitáveis podem ser maiores do que as esperadas por quem está recebendo a orientação.

Como acontece com frequência, aqui a tarefa da pessoa que orienta é incentivar, torcer. Nessa etapa, sinto-me como uma treinadora: "Você está no caminho certo, não pare agora, continue indo, confie em você! Não se esqueça de observar os sinais! Não se surpreenda com as surpresas!". Esse é o momento em que a amizade se torna um componente mais forte no relacionamento. Esteve ali o tempo todo, mas agora a pessoa orientada sabe que a orientadora a conhece desde o início: nós estamos no mesmo caminho e fazendo o mesmo trabalho. As barreiras entre nós são estruturas frágeis, erigidas por conveniência, ou talvez sejam completamente ilusórias.

Não chegamos a esse ponto rapidamente, mas sempre acho que é gratificante. A pessoa orientada, que pode ter começado nosso trabalho em conjunto com uma ideia exagerada de minha competência, está agora disposta a me ver na minha humanidade imperfeita e ainda me ama. Afinal, ela fez todo o trabalho!

A celebração

É impossível descrever a alegria que enche a sala com o nascimento de uma criança. Uma amiga parteira me diz que o júbilo de acolher uma nova vida nunca envelhece. Eu chorei e ri ao mesmo tempo à primeira visão de cada um dos meus filhos, belos mas tão pequenos e, mesmo para o meu olhar favoravelmente parcial, um pouco cômicos. Toda a espera e trabalho trouxe esse pedaço de promessa. Há mistério e absurdo na nova vida nascente, e apenas aqueles que não a contemplaram, em sua novidade e crueza, podem ficar satisfeitos com rapsódias sentimentais e românticas sobre ela. Uma pequena criatura indefesa, roxo-escura e um tanto estranha é o fruto de toda essa espera, dor, terror e trabalho duro. Certamente seria de esperar algo mais bonito e útil!

Muitas vezes realizamos um trabalho tão pesado na orientação espiritual que podemos nos esquecer de comemorar. As pessoas acham tão fácil dizer coisas negativas sobre si mesmas que é possível negligenciar todos os pequenos nascimentos, os tempos de alegria e celebração. Às vezes me pergunto o que os transeuntes devem pensar quando veem minha solene placa "Não perturbe" na porta e ouvem o riso que vem de dentro. Certamente uma sessão de orientação espiritual é uma solene, se não melancólica, ocasião para listar falhas e revelar deficiências. Embora seja a autoabsorção que nos leva a esquecer do amor misericordioso de Deus, o doador de vida nova à alma mais cansada e ferida. Mesmo que seja intensamente séria, a orientação espiritual será uma ocasião de celebração. Eckhart estava certo quando disse:

> Cuide apenas do nascimento em você e você vai encontrar toda a bondade e toda a consolação, toda alegria, todo o ser e toda verdade. Rejeite-o e assim você rejeita a bondade e a bênção. O que vem a você nesse nascimento traz consigo o puro ser e a bênção.

Nem todos que chegam para trabalhar conosco serão João da Cruz ou Teresa d'Ávila. A maioria das pessoas que vêm até nós será formada de pessoas comuns, não candidatas à santidade. Alguns carregarão profundas feridas emocionais: todos trarão marcas em certa medida. A maioria não será de teólogos e pode carregar uma notável falta de autoconfiança. No entanto, à medida que trabalhamos juntos, experimentarão nova vida, quase sempre pequena, indefesa e levemente cômica, mas ao mesmo tempo misteriosa e sagrada. É tempo de alegria e celebração, mesmo quando a parteira sabe que isso é apenas o começo, o primeiro de muitos nascimentos. Mais cedo ou mais tarde, todo o processo tem que começar de novo.

Capítulo quatro

As mulheres e a orientação espiritual

Jesus disse a ela, Maria. Primeiro, ele a chamou de "Mulher", o termo comum na época para alguém de seu sexo, sem ser reconhecida. Então ele a chamou pelo próprio nome, como se dissesse: "Reconhece aquele que te reconhece".

(Gregório Magno)

Jesus respondeu: "Quem bebe desta água terá sede novamente; mas quem beber da água que eu lhe der nunca mais terá sede: porque a água que eu lhe der, nele se tornará em fonte de água corrente, para a vida eterna":
A mulher lhe suplicou: "Senhor, dá-me dessa água, para que eu não tenha mais sede e não tenha mais de vir aqui buscá-la".

(Jo 4,13-15)

Embora haja uma consciência crescente de que a espiritualidade das mulheres é diferente da masculina, até recentemente ela era muito inexplorada. Talvez seja pelo fato de o trabalho seminal na investigação sobre a espiritualidade feminina ter sido escrito por uma psicóloga acadêmica em vez de uma teóloga, e destinado a leitores leigos. Em *In a Different Voice*, Carol Gilligan[1] ofereceu uma nova visão das mulheres como tomadoras de decisões morais. Para mim e muitas das minhas amigas, esse foi um livro que provocou uma reação de "Aha!". Nós nos reconhecemos nele e isso era muito bom. Mary Field Belenky e suas colaboradoras forneceram um valioso estudo em *Women's Ways of Knowing*[2], fazendo pela epistemologia o que Gilligan

---

1. *In a Different Voice: Psychological Theory and Women's Development* é um livro sobre estudos de gênero da professora estadunidense Carol Gilligan, publicado em 1982, pela Harvard University Press. Essa editora o chama de "o pequeno livro que iniciou uma revolução". Trad. bras.: GILLIGAN, CAROL, *Uma voz diferente: psicologia da diferença entre homens e mulheres da infância à idade adulta*, Rio de Janeiro, Rosa dos Tempos, 1992. (N. do T.)

2. *Women's Ways of Knowing* refere-se ao trabalho de pesquisa de Mary Field Belenky, Blythe McVicker Clinchy, Nancy Rule Goldberger e Jill Mattuck Tarule, pu-

fez pela ética: não apenas as mulheres julgam de maneira diferente, mas aprendem de maneira diferente. As obras de mulheres sobre a espiritualidade feminina proliferam hoje em dia, embora haja muito a ser feito e o valioso trabalho de escritoras como Joann Wolski Conn, Kathleen Fischer, Madonna Kolbenschlag e Sandra Schneiders seja apenas o começo.

Por trabalhar com muitos colegas homens e ler seus livros, estou convencida de que as mulheres atuam de maneira diferente como orientadoras – não melhor, nem pior, mas de forma diferente. Elas trazem dons especiais, uma perspectiva única e suas vulnerabilidades. Por passar milhares de horas com mulheres que são orientadas, estou convencida de que elas também trazem dons, perspectivas e vulnerabilidades especiais para a prática da orientação espiritual. Seria uma grande perda, no entanto, se essa maior consciência das qualidades distintivas da espiritualidade feminina levasse a algum tipo de separatismo rígido. Como homens e mulheres, somos completados um pelo outro; isso é tão verdadeiro no relacionamento de orientação espiritual quanto em qualquer outro. Há ocasiões em que as mulheres trabalham de maneira mais frutífera e honesta com outras mulheres e outras em que a "alteridade" de um orientador é benéfica para elas.

A maioria das mulheres conhece as histórias e a linguagem dos homens. Assim como aprendi na pós-graduação a funcionar bem em um contexto e terminologia que não eram os meus, a maioria das mulheres conhece a linguagem vigente da observância religiosa e espiritualidade tradicional. No entanto, não podemos esperar abertura e sensibilidade dos homens até que eles estejam igualmente familiarizados com a espiritualidade e a linguagem das mulheres. Alguns orientadores do sexo masculino podem persistir em uma suposição inconsciente, mas arrogante, de que sua linguagem, suas percepções e sua experiência são a norma, e as mulheres que se voltam para eles em busca de orientação espiritual serão tratadas com condescendência ou imediatamente

---

blicado em 1986. Esse trabalho descreve o processo de desenvolvimento cognitivo das mulheres com base em cinco posições de conhecimento (ou perspectivas) por meio das quais as mulheres veem a si mesmas e sua relação com o conhecimento. BELENKY, M. F. et al., *Women's Ways of Knowing: the development of self, voice, and mind*, New York, Basic Books, 1986. (N. do T.)

rejeitadas. Felizmente, porém, um número crescente de homens está se conscientizando das diferenças: as diferenças de linguagem, experiência de vida, experiência com Deus, formas de orar e formas de pecar. Sua ânsia de saber e compreender é um grande passo em direção à unidade e reconciliação na igreja.

Nos itens que se seguem, refletirei primeiro sobre as mulheres como orientadoras espirituais: como sua maneira de trabalhar difere da de seus colegas homens, quais podem ser seus dons especiais e quais são suas limitações. Em seguida, voltarei para minha experiência em primeira mão com mulheres como orientandas e as necessidades especiais e pontos fortes que elas trazem para esse relacionamento.

Mulheres como ouvintes

Como membro do comitê de admissão do meu seminário, entrevisto muitas alunas em potencial e com frequência me encontro com pessoas nos estágios iniciais de exploração de uma vocação ao sacerdócio. Repetidamente fico impressionada com o número de mulheres, de todas as idades, níveis de educação e experiência profissional, que são atraídas para algum tipo de ministério de escuta. Elas podem se imaginar como capelãs em hospitais, asilos de idosos, escolas e prisões. Elas podem precisar de supervisão para ajudar a compreender os próprios motivos, mas, ao serem admitidas ao seminário, essas mesmas mulheres têm um desempenho excelente nas partes práticas e pastorais de seu treinamento. Por mais impacientes que possam se tornar com a teologia sistemática ou desajeitadas com a exegese das escrituras, seus dons como ouvintes são inquestionáveis.

Esses dons são profundamente inatos e carregam consigo o potencial para o mau uso. Tradicionalmente, as crianças do sexo feminino são socializadas para "estarem disponíveis para os outros", o que inclui atenção e escuta. Pelo menos durante certos estágios do desenvolvimento da autoconsciência de uma mulher, essa escuta cuidadosa é uma forma válida de se unir a si mesma. O motivo, portanto, é menos altruísta do que pode parecer; além da satisfação de ser "generosa" e "boa", que são motivos questionáveis para a orientadora espiritual madura, a mulher está alcançando algo importante para o próprio desenvolvimento. Como observam as autoras do livro *Women's Ways of Knowing*:

> As mulheres costumam se aproximar da idade adulta com a compreensão de que o cuidado e o fortalecimento de outras pessoas são essenciais para o trabalho de sua vida. Ao ouvir e responder, atraem as vozes e mentes daquelas pessoas que elas ajudam a levantar. No processo, muitas vezes passam a ouvir, valorizar e fortalecer também as próprias vozes e mentes[3].

Esse papel é seguro para as mulheres, pois elas pouco precisam revelar de si mesmas ao ouvir. Como está principalmente interessada em receber e absorver algo da pessoa que lhe fala, uma mulher parecerá, e de fato será, livre de julgamentos, de modo que os outros são atraídos por ela e confiam nela.

Estou convencida de que muitas mulheres sentem o chamado para um ministério de escuta, seja uma capelania ou orientação espiritual, quando encontram outras pessoas se voltando para elas e confiando nelas dessa forma. Mesmo quando atende a necessidades inconscientes, o chamado para o ministério costuma ser válido. Nesse ponto, a ouvinte procurada não é de forma alguma uma orientadora espiritual; se ela pensa que é, corre o risco de ser pretensiosa e enganar-se. No entanto, seus dons de ouvir como um meio inconsciente de autocompreensão podem ser um primeiro passo frutífero em direção ao ministério, à medida que ela cresce em um senso de identidade suficientemente seguro para ser capaz de colocar o seu eu de lado. Ela não precisa mais usar os outros para aprender sobre si mesma, embora aumentar o autoconhecimento seja um ganho concomitante inevitável do ministério da orientação espiritual. Em vez de buscar autoconhecimento, ela pode empregar suas habilidades de escuta bem desenvolvidas em um espírito de desapego amoroso. Ela pode ouvir *maternalmente*.

Agradeço às autoras de *Women's Ways of Knowing* pelo conceito de escuta materna e, de maneira mais ampla, de conversa materna.

---

3. BELENKY, M. F. et al., *Women's Ways of Knowing: the development of self, voice, and mind*. New York, Basic Books, 1986, 48.

Seus estudos indicam que as mulheres tendem a falar sobre assuntos pessoais com suas mães e assuntos impessoais com seus pais. Quando discutem assuntos pessoais com os pais, esses homens dizem às filhas o que devem fazer.

> Que tais diferenças entre mães e pais sejam tão comuns pode ser explicado pelo fato de que muitos homens estão acostumados a ser especialistas, enquanto muitas mulheres estão acostumadas a consultar outras pessoas; muitos homens estão interessados em como a experiência pode ser generalizada e universalizada, enquanto muitas mulheres estão interessadas no que pode ser aprendido com o particular...[4]

As autoras enfatizam que isso não é sinal de maior carinho por parte da mãe ou frieza do pai. Em vez disso, a mãe tenta ajudar nos termos da filha, enquanto a ajuda do pai é oferecida nos termos dele.

A conversa maternal é um modo apropriado de dar orientação espiritual. A orientadora está disposta a ouvir e estar presente para a pessoa orientada onde ela estiver. Pela própria natureza do relacionamento, a orientadora recebeu permissão tácita para fazer perguntas. (Isso contrasta com uma conversa polida, em que está proibido perguntar qualquer coisa que de fato importe.) No entanto, devem ser as perguntas certas, feitas com um espírito de amor atento. Em seu ensaio sobre "Formas do amor implícito de Deus", Simone Weil escreve convincentemente sobre essa atenção generosa e compassiva, manifestada na história do Bom Samaritano:

> Cristo nos ensinou que o amor sobrenatural ao próximo é a troca de compaixão e gratidão que acontece em um lampejo entre dois seres humanos, um possuidor e outro privado da personalidade humana. Um dos dois é apenas um pequeno pedaço de carne, nu, inerte e sangrando ao lado de uma vala; ele não tem nome, ninguém sabe nada sobre ele. Quem passa mal o percebe... Apenas um para e volta a atenção para ele. As ações que se seguem são apenas o efeito automático deste momento de atenção. A atenção é criativa[5].

---

4. Ibid., 184.
5. WEIL, SIMONE. *Waiting for God*. New York, Harper Colophon, 1973, 146-147. [Trad. bras.: *Espera de Deus: cartas escritas de 19 de janeiro a 26 de maio de 1942*, Petrópolis, Vozes, 2019. (N. do T.)]

Embora as pessoas que vêm até nós em busca de orientação espiritual raramente estejam em apuros tão terríveis como o homem ferido da parábola, por nosso amor atento podemos ajudá-las a chegar à integridade. Como observam as autoras de *Women's Ways of Knowing*: "É por meio do amor atencioso, da capacidade de perguntar: 'O que você está passando?' e da capacidade de ouvir a resposta que a realidade da criança é criada e respeitada"[6]. As perguntas não são um meio de acumular dados; em vez disso, elas são abertas e compassivas, um convite à confiança. A pessoa que orienta deve estar disposta a ouvir a resposta e resistir à tentação de oferecer conselhos simplistas.

Mesmo a orientadora ou orientador experiente não deve perder de vista os perigos que acompanham seus dons de ouvinte. É gratificante ser confiável e insuspeito. A vida e as vidas humanas são infinitamente fascinantes; e, a menos que o trabalho seja feito com base em um contexto satisfatório de relacionamentos pessoais, existe o perigo de se tornar uma viajante espiritual; de usar e alimentar-se do outro. Meu alarme interno soa quando me vejo ficando curiosa, tomando partido ou me tornando emocionalmente superenvolvida. Sei que estou prestes a ultrapassar uma linha invisível e que o delicado equilíbrio pode ser destruído. Mesmo que minhas palavras e ações permaneçam corretas, corro o risco de usar a pessoa orientada para minha gratificação.

Mulheres como intrusas

Ao longo dos séculos, as mulheres mantiveram a igreja funcionando por meio de sua fidelidade, mas viveram sua vida interior em torno de seus limites. Uma das minhas fantasias menos reverentes sobre a Última Ceia inclui algumas mulheres na cozinha, seus rostos rosados com o calor do forno, espiando pela porta para ver e escutar, talvez para serem premiadas com uma palavra de elogio e respingos de aplausos pelo excelente cordeiro assado. Elas estão incluídas, mas sempre há um "Sim, mas...". O antigo mito da impureza agora é de

---

6. BELENKY, et al., *Women's ways of knowing*, 189.

mau gosto, mas perdura na alteridade da mulher, que, até agora, a igreja não foi capaz de incorporar.

Não é de surpreender que a ideia de que as mulheres possam ser guias espirituais ganhe aceitação lenta. No entanto, com frequência, é a própria alteridade que as torna capazes e abertas como orientadoras espirituais, especialmente eficazes no ministério, nas margens e nas frestas. A própria experiência permite que trabalhem bem com os insatisfeitos, aqueles que não confiam na igreja institucional, embora sejam atraídos por ela. Elas são acessíveis a outras mulheres, tanto às levemente desesperadas quanto às vítimas de abuso. Quando uma mulher é oprimida pela vergonha, ela pode se sentir mais segura com outra mulher, em especial uma leiga. E a orientadora ouvirá repetidas vezes: "Simplesmente não conseguia falar com meu pai sobre isso. É constrangedor e sei que não é muito espiritual, mas...".

Sandra Schneiders escreveu de forma perspicaz sobre a qualidade especial do ministério da mulher, resultante de sua exclusão por séculos dos círculos internos. Por nunca terem sido "ritualizadas", seu ministério é com frequência desconhecido e sem nome, mas, ainda assim, poderoso porque teve que ser personalizado. Ela observa que "pertence à própria natureza do ritual absorver em grande parte a individualidade do ritualista. O ministério das mulheres nunca foi outra coisa senão o serviço pessoal de um ser humano a outro em nome de Cristo"[7]. O ministério de Cristo fornece o modelo para o orientador que é "outro" e está mais à vontade estando à margem. Schneiders continua apontando que

> o ministério não ritualizado das mulheres não alimenta a imagem generalizada do Deus cristão como uma figura paterna severa, até violenta, empenhada em justiça e retribuição exatas. Na verdade, os orientadores espirituais experientes sabem que, quando a imagem que uma pessoa tem do Deus violento começa a ser curada, essa cura é frequentemente efetuada e expressa por um reconhecimento em Deus das qualidades que experimentou nas mulheres presentes em sua vida: a mãe, irmã, esposa ou amante[8].

---

7. SCHNEIDERS, SANDRA M., "Effects of Women's Experience on Spirituality," in: GILES, *The Feminist Mystic*, 34.
8. Ibid., 34-35.

A marginalidade e impotência de uma orientadora espiritual lhe dá grande liberdade. Ela pode estar aberta a todos os tipos de homens e mulheres, sem necessidade de condenar ou excluir porque algum padrão oficial não é cumprido. Isso a torna sensível às histórias e à experiência daqueles que a sociedade empurrou até o limite ou tentou tornar invisíveis: as pessoas idosas frágeis, as abusadas, os homossexuais e as lésbicas.

O que acontecerá à medida que mais vozes femininas forem ouvidas, à medida que as mulheres se moverem das periferias em direção ao centro, à medida que se tornarem parceiras iguais no sistema? A igreja mudará e crescerá em direção à integridade por causa de sua inclusão, ou as mulheres perderão sua liberdade espiritual ao perderem sua marginalidade? Nesse ínterim, elas ainda precisam trabalhar para serem levadas a sério, especialmente as mulheres leigas, cujos dons na orientação espiritual muitas vezes não são reconhecidos ou são subestimados. É mais fácil para os orientadores ordenados ou membros de uma ordem religiosa: um colarinho clerical ou um hábito religioso representam uma declaração de autoridade. Embora os cursos acadêmicos ou um certificado impressionante não possam formar um orientador sem o dom inato, o estudo do seminário, os programas de certificação ou um programa de Educação Pastoral Clínica[9] podem deixar uma orientadora livre para se valorizar e reivindicar sua autoridade. Isso não é para minimizar a importância do estudo formal ou trabalho supervisionado, mas o principal valor do treinamento é legitimar esse ministério em uma época obcecada por credenciais.

Mulheres como nutridoras

Embora Jesus seja nosso principal modelo de orientador espiritual como mestre, existem outros, e é fácil ignorar sua primeira mestra, sua mãe. Como todas as crianças, Jesus aprendeu a ser humano

---

9. A Educação Pastoral Clínica é uma formação profissional inter-religiosa para o ministério com pessoas em crise, especialmente as hospitalizadas. Reúne ministros de todas as religiões, pastores, padres, rabinos, religiosas e outros indivíduos, em um encontro supervisionado para ajudar aqueles que estão em crise. (N. do T.)

olhando em seu rosto, ouvindo sua voz, sentindo seu toque. Ela foi a primeira pessoa a ensiná-lo sobre o amor constante. Com ela, ele aprendeu sobre alimentação, lavagem e cura. Esses são certamente trabalhos de mulheres, mas foi uma parte essencial de seu ministério. Assim como os estudiosos do templo ensinaram ao menino de doze anos sobre o Deus abstrato e incognoscível, sua mãe forneceu uma base para a experiência concreta e humana.

Essa consciência me ajuda na orientação espiritual porque mantém diante de mim o amor inquestionável e tenaz das mães. Mesmo com o exemplo de Maria, das *ammas* do deserto e de Juliana de Norwich diante de mim, abordo a ideia da orientadora espiritual materna com apreensão. Decerto não se espera que os orientadores espirituais infantilizem as pessoas que vêm até eles, ou as sufoquem com afeto, pois tal comportamento não é o de uma boa mãe. A boa mãe permite que a criança desenvolva as próprias capacidades, cresça até a maturidade e deixe de depender dela. Minhas vizinhas da Virgínia, as ursas-negras, são mães competentes: os filhotes são alimentados pelo tempo necessário e depois mandados embora rapidamente. Às mães ursas pode faltar ternura, mas elas entendem seu papel!

Embora eu ainda não tenha alcançado esse estado de desapego, passei muito tempo com as realidades do cotidiano da maternidade para ser sentimental a esse respeito. Se agora sou vista como uma pessoa maternal, preferiria ser vista como uma *amma* do deserto em vez de uma mamãe modelo. Mais importante, para o bem ou para o mal, sei que minha experiência como mãe influencia a maneira como dou orientação espiritual. E, para que não pareça que estou excluindo um grande segmento da população, Mestre Eckhart nos lembra de que todos nós podemos ser mães. Embora a experiência de ter e nutrir um filho seja única, modos maternais de ser estão disponíveis para todos nós, homens e mulheres.

Ser mãe exige muita paciência. Todo o processo começa com uma longa espera. Então, mesmo depois que a criança nasce, ela se desenvolve lentamente. Manter a cabeça erguida é uma grande conquista, e é difícil para a mãe perceber que essa pequena criatura um dia se moverá, aprenderá a falar e entenderá de computadores. Cada pequeno passo em direção à maturidade e à autossuficiência é motivo de regozijo. A mãe sábia conhece as etapas do desenvolvimento e nunca espera o impossível, por isso consegue deixar de lado as próprias necessidades e corresponder ao filho no ponto em que ele está. Na maternidade biológica, é mais fácil falar do que fazer: a maioria de nós falha miseravelmente muitas vezes ao dia. A orientadora espiritual tem uma chance melhor de consistência e sucesso, mesmo porque os parâmetros de seu trabalho estão bem definidos e ela pode ter certeza de que terá alguma pausa para respirar.

Algumas das minhas aprendizagens com a maternidade são tranquilamente transferidas para o ministério de orientação espiritual. Quase de forma automática, comecei a praticar o que as autoras de *Ways of Knowing* chamam de conversa maternal. Às vezes é difícil fazer as perguntas certas, mas aprendi que as erradas podem matar o amor e a espontaneidade. Aprendi também que as pessoas complexadas se sentem abandonadas, não importa o quanto sejam estimadas, e que podem facilmente se convencer de que não são dignas de amor. Aprendi que a gentileza pode realizar muito mais do que a aspereza, embora o confronto esteja na moda hoje em dia.

As mães oferecem segurança e tranquilidade, mesmo quando sua confiança é injustificada. A teóloga leiga britânica Margaret Hebblethwaite saudou instintivamente seu primogênito, segundos depois de seu nascimento, com as palavras: "Dominic Paul, está tudo bem, está tudo bem". Após reflexão, ela observou que essa mensagem de conforto de mãe para filho é uma declaração metafísica[10]. "Está tudo bem": palavras provavelmente ditas por mães enquanto os soldados de Herodes vasculhavam as casas de Belém em busca de meninos, por mães em vagões de carga a caminho de campos de extermínio, por mães em todos os tempos e em todos os lugares, beijando pequenas feridas para curá-las. Não é de surpreender que a tradução de uma passagem fundamental de *Showings* de Juliana de Norwich faça a mesma declaração metafísica e forneça um contexto:

---

10. Hebblethwaite, Margaret, *Motherhood and God*. London, Geoffrey Chapman, 1984, 31-33.

Em uma ocasião, o bom Deus disse: "Tudo vai ficar bem". Em outra: "Você verá por si mesmo que tudo ficará bem". Nessas duas frases, a alma discerne vários significados. Um é que ele deseja que saibamos que não apenas se preocupa com as coisas grandes e nobres, mas também com as pequenas e modestas, com as coisas humildes e simples. Esse é o significado de "Tudo ficará bem". Devemos saber que as menores coisas não serão esquecidas[11].

Em suas palavras de conforto murmuradas instintivamente, as mães não negam a dor, a incerteza e até mesmo o terror da vida. Elas apenas lembram a criança e a si mesmas que, no nível mais profundo, está tudo bem. Podemos fazer isso como orientadores espirituais, não em falsa alegria ou negação, mas por firmeza própria. Se *nós* acreditamos com Juliana que, apesar de tudo, tudo ficará bem, não precisamos dizer essas palavras. Nós as incorporaremos.

As mulheres na orientação espiritual

Já observei que a preponderância daqueles que buscam encaminhamento para um orientador espiritual são mulheres. Se o clero e os seminaristas do sexo masculino forem excluídos, o número desproporcional de mulheres é ainda mais impressionante. Essas são quase sempre mulheres para as quais os velhos métodos não servem mais. Há uma geração, elas poderiam estar imersas no tradicional "trabalho feminino" da paróquia, onde não esperariam ouvir sobre sua experiência em sermões nem abordada pela liturgia. Agora estão procurando por algo mais, enfrentando pela primeira vez um chamado mais profundo para o ministério, que pode ser mal interpretado como um chamado à ordenação. A igreja institucional não tem ajudado essas mulheres; enquanto a palavra de ordem é dada para a importância do ministério leigo, a forte mensagem que não é proferida permanece: o verdadeiro ministro é aquele que está lá na frente na manhã de domingo. O poder e a urgência do chamado são inconfundíveis e a mulher sabe que deve fazer algo a respeito. Deixada sozinha, ela pode ver

---

11. NORWICH, *Showings*, 109.

poucos caminhos além da ordenação. O orientador espiritual pode ajudá-la no trabalho de discernimento, em especial ajudando-a a ter uma visão mais ampla do ministério eclesial.

É fácil desprezar o estereótipo da "crise da meia-idade", esquecendo a promessa extraordinária dessa época importante. Independentemente da natureza de seu chamado, essas mulheres devem ser ouvidas e levadas a sério, pois estão lutando com questões vocacionais. Deus as está chamando para algo. O quê? Algo mais do que aparecer sempre na igreja na manhã de domingo e algo mais do que um trabalho dedicado a um grupo ou uma comissão. Mas o quê? Elas são impelidas a ir além da segurança dos papéis tradicionais da paróquia ou da indiferença branda ao risco de embarcar em uma busca de intimidade com Deus, o que só pode aumentar sua atual solidão.

Estou impressionada com o isolamento dessas mulheres. Muitas estão sem um parceiro de vida, raramente por escolha. Até certo ponto, elas se voltam para Deus em sua solidão humana, mas seria muito cruel e reducionista minimizar seu anseio por causa disso. Além disso, fico tocada pelo isolamento espiritual de muitas mulheres casadas que parecem ter tudo: um casamento estável, posses materiais em abundância e posição na comunidade. Elas entram na orientação espiritual não tanto pelo desejo ganancioso de adicionar Deus às suas já consideráveis posses, mas, sim, por uma sensação de vazio. Elas também merecem ser levadas a sério.

É fácil rejeitar mulheres que são obviamente necessitadas, mas inarticuladas. Alguns orientadores veem seu anseio por Deus como patológico e desejam enviá-las rapidamente a psicoterapeutas ou conselheiros matrimoniais, mas há uma qualidade distinta na busca espiritual de uma mulher que merece atenção. Madonna Kolbenschlag observa que as mulheres buscam conselhos e sugestões com muito mais frequência do que os homens e se voltam para uma exploração de sua espiritualidade, na verdade, para a religião em geral, como terapia, às vezes ficando presas no que ela chama de "modo passivo-receptivo"[12]. Embora haja muita sabedoria em suas observações, eu argumentaria

---

12. KOLBENSCHLAG, MADONNA, *Kiss Sleeping Beauty Goodbye: Breaking the Spell of Feminine Myths and Models*, San Francisco, Harper & Row, 1988, 181 ss.

que as mulheres devem ser as receptoras da cura antes de se tornarem suas dispensadoras. Embora sua necessidade de aprovação possa ser excessiva de início, elas podem e devem crescer na certeza de que são dignas, conhecidas e aceitas antes de poderem passar para a próxima etapa. É importante que o orientador, homem ou mulher, leigo ou ordenado, tenha cuidado com os perigos de ficar preso na dependência, embora o tempo de ser ajudada seja um necessário primeiro estágio.

Quando as mulheres procuram orientação espiritual, sinto nelas um grande anseio, independentemente de sua relativa ferida ou saúde, seu zelo ou sua passividade. Elas anseiam por ser conhecidas, para poderem dizer com Jeremias: "No entanto, Javé, tu estás no meio de nós! Teu Nome é invocado sobre nós" (Jr 14,9). Elas anseiam por saber que sua voz será ouvida, mas sua experiência na igreja ao longo dos séculos criou obstáculos dolorosos. Como observei em minha discussão sobre as qualidades especiais das mulheres como orientadoras, as vozes de autoridade têm sido tradicionalmente masculinas: pregadores, pastores, teólogos, confessores e orientadores espirituais. Como Martin Smith comenta em *Reconciliation*,

> O monopólio histórico que os homens exerceram das funções de ensino oficial na igreja, um monopólio agora felizmente prestes a ser quebrado, significou, entre outras coisas, que as mulheres geralmente eram obrigadas a compreender sua relação com Deus e suas respostas em termos que não se ajustam à dinâmica especial da vida das mulheres[13].

A exclusão das mulheres às vezes é resultado de uma negligência benigna; mais frequentemente, entretanto, reflete desprezo, medo, crueldade e total desconsideração da mensagem do Evangelho. Mesmo agora, os estudos mais comumente citados sobre o desenvolvimento da fé e a tomada de decisões éticas (Erikson, Fowler, Kohlberg) pretendem falar por todos, mas são baseados em estudos da experiência

---

[Trad. bras.: *Adeus, Bela Adormecida: a revisão do papel da mulher nos dias de hoje*, São Paulo, Saraiva, ²1991. (N. do T.)]

13. SMITH, MARTIN, *Reconciliation: Preparing for Confession in the Episcopal Church*. Cambridge, Cowley, 1985, 77. Veja também WARD, J. NEVILLE, *The Following Plough*. Cambridge, Cowley, 1984, 94.

masculina. Nas escalas mais usadas, a maioria das mulheres permanece "imatura" no desenvolvimento da fé.

Em geral, também, a aculturação tradicional inibe o crescimento em direção à verdadeira maturidade, e as mulheres são desencorajadas a se tornarem plenamente elas mesmas. A glorificação da mulher-criança permeia nossa cultura. Com a ajuda das indústrias de cosméticos e *fitness*, a mulher madura deve trabalhar duro para permanecer jovem como uma menina, tomando cuidado para não mostrar sua experiência de vida em seu rosto ou corpo. No entanto, uma barreira ainda mais insidiosa à maturidade é o ideal de viver para os outros. Como Joann Wolski Conn observa:

> O ensino e a prática cristãos, em vez de promover a maturidade das mulheres, contribuíram significativamente para sua restrição. As mulheres foram sistematicamente ensinadas a valorizar apenas um tipo de desenvolvimento religioso: a abnegação e o sacrifício das próprias necessidades pelo bem dos outros. Enquanto os homens foram ensinados a unir a abnegação com a coragem profética para resistir à autoridade indevida, as mulheres foram ensinadas a ver toda a autoridade masculina como dada por Deus e a julgar que a afirmação dos próprios desejos era um sinal de egoísmo e orgulho[14].

Conheço mulheres que aceitam uma vida de total autoanulação, sem questionar o propósito ou o objeto do sacrifício. Embora existam bases bíblicas para apoiar o autossacrifício, primeiro deve haver um *eu maduro* para o sacrifício, e o orientador espiritual pode ajudar no desenvolvimento desse eu.

Questões de linguagem na orientação de mulheres

Tradicionalmente, então, as mulheres não são socializadas para valorizar a si mesmas, seus *insights*, suas opiniões ou suas perguntas. Escrevendo sobre a timidez das mulheres em um ambiente acadêmico

---

14. CONN, JOANN WOLSKI (ed.). *Women's Spirituality: Resources for Christian Development*, New York, Paulist, 1986, 4.

típico, a historiadora Gerda Lerner observa que em sua mudez estão dizendo: "Não mereço ocupar tempo e espaço"[15].

A mulher traz essa atitude tanto para a orientação espiritual quanto para a sala de aula, muitas vezes chegando com uma sensação de indignidade, de não estar à altura, embora não saiba exatamente à altura de quê. Ela pode se sentir julgada por Deus e, assim, enfrentar uma divisão entre quem é e onde realmente está em termos de experiência de vida e preocupações profundas; e quem ela é e onde pensa que deveria estar. Isso é especialmente comovente em questões de amor e caridade, quando a orientanda se vê adotando uma linha mais branda do que a considerada "certa". Assim, Marilyn veio a mim lutando com sua consciência: ela se sentia culpada por não ser capaz de julgar os homossexuais com severidade, embora sua educação religiosa rígida lhe tivesse ensinado que eles mereciam condenação. A simples articulação de seu dilema, na segurança de nosso tempo juntas, permitiu que se sustentasse nos próprios pés espirituais.

Ou uma mulher em busca de orientação pode se apresentar como hesitante e não muito direta, quase a ponto de fazer jogos de adivinhação. O orientador pode ser tentado a descartá-la por achar que "não é séria" ou que é imatura, principalmente se não tem conhecimento das características da linguagem feminina[16]. Mulheres que desejam ser levadas a sério precisam se tornar bilíngues: elas se tornam fluentes na língua do grupo dominante e suprimem sua fala natural, pelo menos em conversas "importantes". Mais difundida e, em geral, inconsciente é uma tentativa verbal, uma relutância em assumir responsabilidade pelo que é dito por meio do uso frequente de qualificadores como "um pouco", "talvez" ou "algum". As declarações de convicção perdem sua força quando introduzidas com "eu acredito" ou "eu acho", em vez de "eu sei". A fim de envolver o ouvinte nas

---

15. LERNER, GERDA, *The Majority Finds Its Past: Placing Women in History*, New York, Oxford University Press, 1979, 243-244. De forma similar, Carol Gilligan observa que as mulheres não estão dispostas a fazer julgamentos morais, sentindo que não têm o direito de fazê-los. Assim, elas se excluem da tomada de decisões (GILLIGAN, *In a Different Voice*, 16 ss.).

16. Além de minhas observações, devo muito ao pequeno mas seminal livro de LAKOFF, ROBIN, *Language and Woman's Place*. New York, Harper Torchbooks, 1975.

declarações, garantindo assim sua concordância, as mulheres podem terminar uma frase interrogativamente, seja em palavras reais ("não é?") ou por uma crescente inflexão de voz[17].

Jane era uma orientanda capaz de fazer declarações fortes e elaborar perguntas poderosas, e então as demolir antes que qualquer resposta fosse possível. Sua armadilha na "linguagem feminina" a fazia parecer superficial e indecisa, uma diletante. Mesmo quando entendi a situação e senti grande simpatia por ela, me peguei lutando contra a irritação com a hesitação provocante em seu discurso. Nosso trabalho juntas progrediu apenas quando eu apontei para ela o que havia observado e pedi permissão para chamar sua atenção cada vez que escorregasse em seu padrão familiar. Ela não tinha consciência de sua tendência à autodestruição verbal e concordou com gratidão com meu plano.

O orientador pode e deve ajudar, responsabilizando a mulher por suas declarações; isso significa, em primeiro lugar, garantir a ela que é seguro ser responsável. Estou convencida de que muito do discurso hesitante das mulheres surge do medo da própria raiva, de que de alguma forma haverá uma terrível reação, divina ou não, se ela se revelar uma pessoa forte. Ocasionalmente, lembro a Susanne, que é uma especialista em falas indiretas e hesitantes, de que Deus já conhece seus pensamentos perigosos e tem resistido a atacá-la, sendo que ela não tem nada a temer de mim. Ficarei encantada quando tivermos crescido em amor e confiança o suficiente para que Susanne se sinta segura para ficar com raiva de Deus ou de mim. Esse momento está chegando, mas ainda não está tão perto.

Precisamos ouvir perguntas também, especialmente as não feitas. As mulheres têm pouco a ver com colocar as questões ou criar as pautas da teologia. Se Priscila ou Tecla tivessem escrito nossas epístolas em vez de Paulo, suspeito que apareceria muita coisa sobre a Encarnação e pouco sobre a circuncisão! Como consequência, a

---

17. Lakoff observa que esse padrão entonacional é encontrado em inglês apenas entre falantes que sejam mulheres (*Language and Woman's Place*, 17).

teologia tradicional muitas vezes parece ter respostas para perguntas que nunca são feitas e para as quais não há respostas[18].

Valorizando a experiência

É comum que o grupo dominante presuma que entende a experiência de um grupo oprimido. Assim, os brancos ficam surpresos ao perceber que não entendem a vida dos negros; se estiverem abertos a amigos negros de confiança que lhes falem a verdade, poderão ser capazes de chegar ao entendimento por meio da imaginação. Da mesma forma, presume-se que o clero masculino, pregadores, orientadores espirituais e confessores compreendam a experiência das mulheres porque, afinal de contas, não é tão diferente. Por sua relutância em valorizar a própria experiência e seu silêncio a respeito dela, as mulheres contribuíram para essa falácia.

Considerando o quão inseparável o ser físico da mulher é de sua espiritualidade, é impressionante o quanto de sua experiência corporal é um tabu para uma discussão aberta. A menstruação permanece um tópico secreto, com a maioria das menções públicas em termos negativos: a natureza cíclica da mulher a torna instável e pouco confiável? A menopausa é vista como cômica ou patética, sendo uma exceção a alegre oração de agradecimento de Margaret Mead[19] pela energia e pelo entusiasmo das mulheres pós-menopáusicas. Gravidez e nascimento são, em geral, relegados às revistas femininas, apesar do tratamento teológico exemplar de Lucas sobre o assunto. E raramente abordada, em termos espirituais, é a profunda antipatia das mulheres por seus corpos, sua insatisfação com certas características e sua

---

18. As autoras de *Women's Ways of Knowing* observam um fenômeno semelhante no ensino superior secular: "Os cursos são sobre as questões da cultura, questões retiradas das 'ideias convencionais' das disciplinas. Se o estudante é do sexo feminino, suas questões podem diferir das questões da cultura dominante, visto que as mulheres, remando nas águas da cultura, pouco tiveram a ver com colocar as questões ou traçar as pautas das disciplinas" (198).

19. Margaret Mead (1901-1978), antropóloga estadunidense, foi um dos expoentes da chamada escola culturalista estadunidense. A carreira acadêmica da pesquisadora desenvolveu-se no Departamento de Antropologia da Universidade de Columbia, onde ingressou em 1940. (N. do T.)

sensação difusa de que precisam perder peso, literalmente para diminuir a si mesmas. Por fim, para muitas mulheres, sua experiência sexual inicial é a experiência de violação e abuso. Visto que as experiências mais poderosas e formativas das mulheres costumam ser ocultas e secretas, elas podem parecer insignificantes no grande esquema das coisas e, portanto, muito caseiras para a reflexão teológica.

Há ocasiões em que uma mulher trabalhará de maneira mais produtiva com outra mulher, possivelmente uma mulher leiga. Afinal, as mulheres falam de forma diferente entre si, assim como os homens, e existe um entendimento compartilhado especial entre mulheres de experiência comum. Embora isso não signifique que a pessoa orientada deva ser correspondida com sua imagem no espelho, ela precisa de alguém para quem todos os aspectos de sua experiência sejam aceitáveis e compreensíveis. Claro, é também importante enfatizar que existem muitos homens sensíveis e criativos que atendem a esse requisito, a própria alteridade os torna valiosos para a mulher que está tentando obter uma perspectiva clara. A segregação irracional não tem lugar na orientação espiritual; na verdade, seria um passo para trás. Os homens podem ser orientadores de mulheres!

Por medo de parecer trivial e por subestimar a própria experiência, a orientanda pode evitar tópicos e áreas de profunda preocupação. As implicações espirituais de um casamento longo e "sem intercorrências" são inexploradas e subestimadas com frequência. Os custos e frutos da fidelidade nem sempre são evidentes, mas têm um efeito profundo na identidade espiritual da mulher. A espiritualidade do trabalho doméstico é outra área negligenciada. A maioria dos meus amigos e colegas homens não tem consciência do fardo do trabalho braçal repetitivo que nunca termina, trabalho que só é percebido quando é negligenciado. Além disso, o tempo gasto com crianças muito pequenas pode simultaneamente enriquecer o espírito, amortecer a mente e sobrecarregar a paciência além do que se acredita. Tudo isso é a matéria-prima da orientação espiritual; tudo isso tem um componente de Deus, embora a orientanda não veja nas minúcias de sua vida uma experiência de Deus.

A tarefa do orientador é ajudar a mulher a encontrar sua voz e confiar nela para que sua história seja contada. Fazer isso é lhe dar permissão para ser ela mesma, descobrir e revelar seu verdadeiro eu. Aqui, como sempre, a orientação espiritual é um ministério de presença compassiva. A orientanda deve ser levada a sério, mesmo quando parece não se levar a sério. Se tanto os orientadores quanto as mulheres devem ouvir criticamente sem prejulgamento, é vital que conheçam os próprios preconceitos. Por exemplo, alguns homens não deveriam tentar trabalhar com mulheres bem-arrumadas, bem-vestidas, de classe média e de meia-idade; incapazes de ver além dessas coisas externas, eles são muito rápidos em rotular essas mulheres como superficiais e materialistas. Da mesma forma, uma feminista extrema pode ter pouca compreensão de uma mãe dedicada que fica em casa, assim como a mulher que acabou de se divorciar pode ver como patológico o compromisso de sua orientanda com um casamento difícil.

Levando tudo a sério, o orientador nunca é condescendente, mesmo quando a história é contada de forma hesitante e sem sofisticação teológica. É importante para o orientador (e para a pessoa orientada) entender que se pode falar sobre assuntos "espirituais" sem um vocabulário teológico. A matéria-prima está aí: basta que a orientanda confie na própria voz. Fazer as perguntas certas pode esclarecer e dissipar a hesitação, ajudando a mulher a se afastar da dependência indevida da autoridade dos outros e reivindicar a própria autoridade inata, libertando seu eu submerso. Percival libertou o rei de seu sofrimento e trouxe harmonia e integridade para toda comunidade do Graal quando por fim fez a simples pergunta: "Tio, onde você está ferido?". É uma pergunta tão simples que o orientador pode se esquecer de fazer, principalmente quando a mulher (ou homem) sentada à sua frente demonstra força e positividade. Como cuidadoras tradicionais, muitas mulheres não estão preparadas para essa questão, embora a esperassem de um médico. Socializadas para colocar os próprios desejos de lado (ou pelo menos para disfarçá-los), elas veem a pergunta como um convite ao egoísmo ou à autoindulgência. Em vez disso, porém, é um convite a *si mesma*; meramente nomear a fonte da dor pode expô-la à luz e ao ar e, assim, trazer a cura.

Por mais importante que seja essa pergunta em todos os aspectos da vida da mulher, ela é fundamental na área da espiritualidade. Quando a mulher começa a responder a essa pergunta com franqueza, pode revelar, para a própria surpresa, anos de negação e dor reprimida. O custo da fidelidade tem sido alto, pois a mulher se descobre capaz de articular em linguagem religiosa e imaginar sua dor mediante sua exclusão.

Um orientador que que oferece apoio pode ajudar as mulheres a encontrar seu lugar na história cristã comunitária. Os escritos de Elisabeth Moltmann-Wendel, Phyllis Trible e Elisabeth Schüssler-Fiorenza são um recurso valioso, mas ainda mais eficaz é "simplesmente" ler os Evangelhos com olhos de mulher e estar atento ao que raramente é abordado em sermões e ensinamentos. Já orientei vários retiros sobre "As mulheres ao redor de Jesus"[20]. Em uma das primeiras instruções, peço aos participantes (em geral, mulheres) que recontem de memória a história da mulher que ungiu Jesus. É infalível o esforço do grupo em reproduzir a versão de Lucas:

> Uma mulher, pecadora da cidade, soube que Jesus estava à mesa na casa do fariseu e trouxe uma jarra de alabastro, cheia de perfume. Ela ficou atrás, chorando aos pés de Jesus e molhando-os com as suas lágrimas. Em seguida, enxugou-os com os seus cabelos, beijou e os ungiu com perfume. (Lc 7,37-38)

Então, eu as lembro da narrativa de Marcos: "Veio uma mulher trazendo um jarro de alabastro com perfume de nardo puro e muito caro. Quebrando o vaso, derramou o perfume sobre a cabeça de Jesus" (Mc 14,3). Nós nos sentamos por um momento com a imagem dessas duas mulheres, nossas irmãs: a pecadora (presumivelmente sexual) agachada chorando no chão e a mulher não identificada de pé, uma profetiza, ungindo um rei. Então sorrimos e choramos com a ironia das palavras de Jesus: "Onde for proclamado este Evangelho, em todo o mundo, será contado, em sua memória, o que ela acabou de fazer" (Mc 14,9).

Além disso, o orientador pode encorajar mulheres e homens a se sentirem confortáveis com as imagens femininas de Deus na oração. Isso pode ser simplesmente uma questão de "dar permissão" ou pode ser um breve relato da experiência do próprio orientador. Para tranquilizar os ansiosos ou indecisos, ele pode apontar imagens femininas com frequência esquecidas nas Escrituras. Gosto de incentivar a experimentação e a liberdade em momentos de oração solitária, que

---

20. O livro de mesmo título de Elisabeth Moltmann-Wendel forneceu o estímulo.

muitas vezes podem ser combinados confortavelmente com a adoração coletiva tradicional.

A mulher deve estar disposta a aceitar o risco se quer ultrapassar seus limites, encontrar seu verdadeiro eu e sua voz e, assim, crescer em sua espiritualidade madura. É mais fácil não encarar a percepção de que os ícones de alguém se tornaram ídolos e devem ser postos de lado, não aceitar que a visão de Deus foi limitada e distorcida. Madonna Kolbenschlag fala do "momento do ateísmo", quando a mulher abandona sua fé distorcida, deixando de confiar nas "autoridades" e confiando em si mesma[21]. Em minha metáfora mais simples, ela descobre, com espanto, que a bicicleta continua em pé mesmo depois que tira suas rodinhas.

O oitavo pecado capital

Por trabalhar com a obra *Paraíso perdido* nos cursos de inglês para calouros, "sabemos" que o pior pecado é o orgulho exagerado (eu votaria pela idolatria ou ganância em nossa sociedade glutona, mas Milton fala pela tradição)[22]. O tempo que passei ouvindo histórias de mulheres, no entanto, me convenceu de que existem padrões nitidamente femininos de pecaminosidade e o orgulho não é o pecado que as assedia, embora muitas se acusem dele. O modelo da mulher boa demais para viver, a heroína condenada do romance do século XIX, foi internalizado com consequências trágicas. Os padrões de pecado das mulheres são diferentes daqueles dos homens, e, embora abraçar o papel de vítima seja uma forma de permanecer "sem pecado", essa mesma disposição de se deixar ferir ou até mesmo ser destruída é um exemplo notável de um modo de ser essencialmente pecaminoso.

Longe de ser orgulho, o pecado característico das mulheres é o desprezo por si mesmas. Esse ódio por si mesma é simbolizado e

---

21. KOLBENSCHLAG, *Kiss Sleeping Beauty Goodbye*, 185-187.
22. Referência à obra do século XVII escrita por John Milton, intitulada *Paraíso perdido* (em inglês: *Paradise lost*) – Trad. bras.: MILTON, JOHN, *Paraíso perdido*, São Paulo, Editora 34, 2016, edição bilíngue. Trata-se de um poema épico que narra a sorte dos anjos caídos após a rebelião no paraíso, a ação de Satanás para que Adão e Eva comam o fruto proibido da árvore do conhecimento e a consequente queda do ser humano. (N. do T.)

centrado no corpo. Já observei a insatisfação das mulheres com seu eu físico; estudos têm mostrado que essa é uma preocupação peculiarmente feminina, e as mensagens culturais a reforçam. Transtornos como anorexia e bulimia representam a consequência do ódio por si mesma levado ao extremo. Mais importante ainda, o desprezo das mulheres se manifesta como uma falta de vontade de crescer e enfrentar os riscos que o crescimento exige. Muitas vezes é difícil para as mulheres verem que sua relutância em aceitar a maturidade é uma recusa tácita da responsabilidade adulta. "Como isso pode ser?", elas perguntam, pois se sentem sobrecarregadas, na verdade oprimidas, por suas responsabilidades como esposas, mães, empregadas e profissionais. No entanto, por excesso de zelo em suas obrigações para com os outros, em especial maridos e filhos, e uma correspondente negligência de si mesmas, as mulheres conseguem evitar o crescimento interior. Não há qualidade nesse abandono negligente, nessa irresponsabilidade espiritual; pelo contrário, é triste e limitante.

A hesitação das mulheres é outra manifestação de autodesprezo, assim como uma aparente absorção na trivialidade. Ambos são uma espécie de silêncio barulhento, uma tela erguida, talvez inconscientemente, contra a clareza. Ao hesitar em assumir posições firmes ou expressar-se em linguagem decisiva, elas enviam uma mensagem forte de que não merecem ser ouvidas. Ao se deixarem mergulhar nas trivialidades, passam a mensagem de que não merecem ser vistas, pelo menos não como adultas conscientes. Além disso, a absorção em trivialidades amortece a dor, pois a mulher está muito preocupada para enfrentar a si mesma, seus relacionamentos humanos e, é claro, Deus.

A hesitação (uma espécie de fúria doce rangendo os dentes) também pode resultar de uma compreensão equivocada da raiva, uma vez que as mulheres são socializadas para acreditar que a própria raiva é evitável e errada, e que sua expressão é pecaminosa. (A palavra "pecado" é rara em nosso vocabulário secular, mas o fenômeno é conhecido, temido e punível.) Como resultado, uma grande quantidade de energia espiritual é usada para combater o pecado "errado" e o uso potencialmente construtivo da raiva é negligenciado. O resultado é doloroso e destrutivo para a mulher e para as pessoas ao seu redor. Uma mulher que conheci durante minha capelania na casa de repouso está gravada em minha mente: Emma passou seus últimos meses repleta de raiva e câncer. Sua piedade rígida tornava impossível questionar o propósito de Deus, e mais ainda expressar raiva. Externamente doce e sempre cortês com seus visitantes, ela tornou um inferno a vida das mulheres incultas e mal pagas que eram suas cuidadoras. Morreu sem ser capaz de enfrentar os profundos poços de raiva dentro de si.

A negação da autoridade de uma mulher inevitavelmente se manifesta como passividade, não a passividade de uma pessoa saudável aberta e livre para receber o Espírito Santo, mas uma inércia de chumbo. Sem desconsiderar as causas bioquímicas, genéticas e neurológicas, parece claro que pelo menos alguma depressão é de origem espiritual. Da mesma forma, a passividade do desprezo por si mesma pode revelar-se em vícios: nos óbvios, como comida, pílulas e álcool, bem como nos menos óbvios, como sono, hiperatividade e consumismo. O último é insidioso, pois é culturalmente reforçado e estimulado.

É importante não minimizar o pecado do ódio de si mesma e do desprezo de si mesma. É um pecado, pois em seu cerne está a negação do amor de Deus e da bondade da criação do Senhor. O orgulho desempenha um papel importante, pois a mulher se descarta como parte da criação e assume que as regras do amor divino não se aplicam a ela. Esse amor existe para todos os outros, mas não para ela.

Como todo pecado, isso não pode ser privado, ferindo apenas a pecadora; em vez disso, suas ramificações tocam outras pessoas, no círculo imediato da mulher e além. Há o desperdício de dons que não foram usados, muitas vezes nem mesmo reconhecidos, aliado à incapacidade de receber os dons de outras pessoas. O desprezo de si mesma é um campo sem amor que oferece condições primárias de crescimento para outros pecados, entre eles a falsa humildade, a inveja, a manipulação e a preguiça. A preguiça é um pecado especialmente furtivo, uma vez que pode se disfarçar em atividades. Aqui, mais uma vez, a absorção em trivialidades é um sintoma.

A tarefa do orientador é ouvir e detectar padrões de autoengano, pois as formas de pecar das mulheres dependem da ofuscação. Minhas duas perguntas favoritas – "O que você deseja?" e "Onde está doendo?" – são excelentes ferramentas de diagnóstico para chegar a maneiras pecaminosas de ser e, ao mesmo tempo, revelar a beleza e a bondade inatas que a mulher nega. O orientador, entretanto, deve evitar se juntar a ela na banalização de si mesma. O sentimento de pecado deve ser levado a sério, pois é um fardo pesado para a orientanda. Não é nenhum conforto ouvir: "Oh, isso não é realmente muito importante". Ou, pior ainda, ser dispensado com um sorriso condescendente. Mesmo quando um senso de pecado está errado ou mal orientado, é sinal de que algo está errado. Muitas mulheres buscam a orientação espiritual preparadas, até ansiosas, para acreditar no pior sobre si mesmas. A vergonha causada pelos ferimentos que suportaram é facilmente confundida com a própria culpa pessoal.

Algumas mulheres sofrem de um sentimento generalizado de culpa e pecado apenas porque existem. Isso raramente é consciente ou articulado, mas é paralisante. O exemplo mais notável em minha experiência veio em uma conversa com Grace, uma mulher inteligente e de grande probidade, cuja supervisora ciumenta acusou de transgressão financeira na administração de seu departamento. Quase em desespero, ela protestou: "Não fui eu. Nunca pensei na possibilidade de me envolver com corrupção. Sei que ela é louca. Então, por que me sinto tão culpada?". Da mesma forma, Allie foi escolhida por um membro da equipe de custódia de sua escola como vítima de piadinhas cruéis. Em vez da raiva expressa abertamente, sua resposta foi a aceitação da própria culpa: "Devo ter feito algo; devo tê-lo ferido de alguma forma". De forma ainda mais trágica, o fenômeno das vítimas de estupro e abuso sexual que se culpam está bem documentado.

Evitando aspereza e condescendência, o orientador pode ajudar a mulher a separar os fios de sua pecaminosidade. O autor de *A nuvem do não saber* observa, de forma apropriada, que o pecado é "um nódulo"; precisamos examinar o nódulo e entender sua composição química, pois muito dele se constitui de matéria inerte e talvez até mesmo de algo de valor. O orientador ajuda a separar o bom do mau, o significativo do insignificante. É um trabalho delicado e gentil, pois o pecado sempre envolve mágoa: mágoa dos outros, mágoa de Deus, mágoa de si mesmo.

Sobreviventes de abuso

Toda a área da sexualidade e da experiência sexual é delicada. Com frequência, as pessoas orientadas relutam em levar esse material para a orientação espiritual, seja orientação sexual, estupro, incesto, nascimentos ilegítimos ou abortos, e pode levar muito tempo para que as verdadeiras questões apareçam. Tanto para o orientador quanto para a pessoa orientada, esse é um momento de teste. Quando sinto que muito não foi dito e que uma grande parte do quadro está faltando, sondo um pouco: "Conte-me sobre sua família". Ou, então: "Você mora com alguém?". Devo estar preparada para a decepção; tais indagações podem não levar a lugar nenhum, pelo menos de início. A pessoa pode não exibir o desconforto que muitas vezes acompanha a negação ou a evasão: simplesmente não há informações disponíveis.

A pessoa orientada, então, se pergunta: "Serei aceita? Ou humilhada?". Às vezes, faz essa pergunta diretamente, como Beth fez em nosso primeiro encontro: "Eu sou lésbica. Isso vai te incomodar?". Assegurei-lhe que não, mas também a convidei a me avisar se, em algum momento, eu a incomodasse. Claro, a pergunta mais profunda e ainda não formulada é: "Deus me aceita?". Essa não é a ocasião para polidez. É uma boa regra não aceitar orientar uma pessoa se você não puder ser compassiva e, portanto, correr o risco de fazer julgamentos ou mostrar desprezo.

Na última década, os estudos científicos e relatos de primeira mão de abuso sexual proliferaram. Agora se sabe que uma mulher em cada quatro foi violada: isso pode variar de estupro a casos isolados de toque ou carícia imprópria. (A violação verbal, ainda erroneamente considerada por alguns homens como lisonjeira para uma mulher, não está incluída.) Uma mulher em cada dez é vítima de abuso sexual contínuo, mas essa é uma afirmação moderada. Embora existam vítimas de abuso sexual do sexo masculino, isso é tipicamente um crime e pecado contra as crianças do sexo feminino. O mito do estranho perigoso é apenas mito; a mulher que foi abusada sexualmente é, em geral, vítima de uma pessoa conhecida e confiável: seu pai (na maioria das vezes), tio, avô, "namorado" da mãe ou irmão. No incesto entre irmãos, existe uma *pequena* possibilidade de que o relacionamento seja consensual; mas normalmente é coercitivo. Mesmo que a coerção nem sempre seja física, é um ato de violência espiritual e emocional.

Nos últimos cinco anos, tenho visto um número crescente de mulheres que sobreviveram ao incesto. Elas são um grupo especial entre meus orientandos, com uma espiritualidade distinta. Essas sobreviventes parecem atraídas pela igreja. Às vezes, me dizem que era o único lugar seguro em uma infância de pesadelo. Outras, experimentam a verdadeira graça por meio de um senso do amor de Deus, apesar de tudo. Eu relutaria em descartar sua devoção à igreja como negação ou compensação, embora seja inegável que a religião pode ser usada para escapar da realidade.

Quando algumas sobreviventes de incesto buscam orientação espiritual, elas de fato não têm consciência da própria história dolorosa. Como suas memórias são muito opressivas, a amnésia é um meio de sobrevivência. Anos de incesto e estupro não fazem parte de sua consciência até que, na meia-idade, comecem a se lembrar. A memória pode retornar de forma gradual ou repentina. Nesse ponto, a orientação espiritual não é suficiente; é apenas um componente do trabalho da mulher em direção à totalidade. Ela precisa urgentemente de ajuda psicoterapêutica, de uma pessoa especializada ou que seja altamente sensível a questões de abuso sexual. Existem também grupos de apoio e programas de doze passos; isso pode ser útil após um período de psicoterapia individual intensiva ou em conjunto com ela, e sinto-me confortável trabalhando em cooperação com o psicoterapeuta, com a orientanda atuando como intermediária. A menos que a orientanda o inicie, não tenho contato real com o psicoterapeuta. (Nunca conheci a terapeuta de Linda, por exemplo, mas sinto grande afeto e respeito por ela. Linda transmite nossas saudações uma à outra regularmente.)

Antes de relembrar as memórias dolorosas, a sobrevivente do abuso pode parecer estar funcionando de forma adequada. No entanto, também pode parecer falante, até superficial; sua preocupação com a trivialidade é como uma bandagem cobrindo sua ferida dolorosa[23]. Ou ela pode ter sido instintivamente atraída pela dor dos outros, portanto, muito preocupada com "boas obras" e "ajudar os outros". Aqui, o orientador precisa ser paciente, dando tempo para que a

---

23. Por outro lado, escritores que me são simpáticos julgam as mulheres severamente, se não duramente, por sua "trivialidade", deixando de ver que isso pode ser um meio de enfrentamento, até mesmo de sobrevivência. Como exemplos, ver: WARD, *The Following Plough*, 100, e SMITH, *Reconciliation*, 78.

confiança cresça. Mesmo quando buscam apoio e compreensão, não há razão para essas mulheres confiarem em *ninguém*. Em sua maioria, as sobreviventes são hábeis em lidar com a situação em um nível superficial, mas é necessário muito tempo para superar banalidades polidas.

A menos que o orientador saiba para onde olhar, em geral não há nenhuma pista óbvia para a dor e a turbulência interna. Estou desenvolvendo um sexto sentido, e nesse ponto indefinível, sobre a ferida especial da pessoa abusada sexualmente. No entanto, é importante aproximar-se com cuidado se a pessoa estiver em estado de amnésia; e posso saber, por intuição, muito mais do que preciso ou devo articular para a pessoa orientada. No máximo, me permito um gentil convite a ir mais fundo: "Sinto que você foi muito magoada".

Quando a pessoa orientada começa a se lembrar de sua experiência anterior, há uma necessidade contínua de paciência. À medida que mais material surge, a relação de orientação cresce em confiança e a pessoa se move em direção a algum tipo de cura. Às vezes, parece que estamos gradualmente removendo camadas de ocultação; outras, é como descer cada vez mais fundo em uma escada em espiral. Como em todas as relações de orientação, mas aqui em especial, a confidencialidade deve ser impecável. A vítima fica cheia de vergonha e quase sempre sofre a típica confusão de culpa com vergonha: ela se sente de alguma forma culpada pelo que lhe foi feito. À medida que se move em direção a uma cura maior e sua concomitante consciência, fica assustada com vislumbres da própria raiva profunda e de seu medo do que poderia acontecer se essa raiva fosse expressa.

Ao trabalhar com sobreviventes de abuso sexual, não há atalhos. O orientador espiritual deve ter cuidado com as palavras "deveria" e "teria que". Lembro-me de dizer a Linda: "Na maioria das vezes, terei cuidado para não lhe dizer o que você deve fazer. Mas há uma coisa que você *deve* fazer, e vou insistir nisto: valorize-se!". A sobrevivente se sente desvalorizada e manchada; não se pode dizer que é comum que se sinta digna de amor e respeito. (Por minha sugestão, Linda tomou como seu mantra: "Estou limpa!". Ela teceu as palavras em suas orações, colou-as no espelho e agarrava a elas quando a vergonha ameaçava inundá-la.)

Em certas ocasiões, recebo referências de psicoterapeutas. Se estiver de acordo com sua tradição religiosa, o terapeuta pode sentir que uma sobrevivente pode ser ajudada pelo sacramento da reconciliação. Essas são confissões intensas, para serem feitas com calma. Mesmo sabendo intelectualmente que foi traída e violada, a mulher se sente compelida a se culpar. Além disso, tem certeza de que a raiva que está crescendo nela é uma confirmação de sua pecaminosidade. Falamos sobre sua raiva e como pode ser uma fonte de pecado ou uma grande energia construtiva. A mulher, sem dúvida, já ouviu isso de seu psicoterapeuta, mas é uma boa notícia quando contada de novo em um ambiente religioso. Tecnicamente, eu deveria reter a absolvição porque ouvi a história da vítima, não do perpetrador, mas esse não é o momento para uma abordagem legalista dos sacramentos. O alívio da mulher é quase palpável quando coloco minhas mãos em sua cabeça e digo: "O Senhor tirou todos os seus pecados. Vá em paz". Provavelmente nunca mais a verei.

O maior dom que o orientador pode oferecer é uma presença amorosa. Embora seja importante manter o desapego, um envolvimento emocional profundo também é inevitável e desejável. Já contei a reação de Linda às minhas lágrimas, que eu esperava enxugar antes que ela pudesse vê-las. À medida que as memórias voltam, o orientador pode ouvir falar de horror e degradação inacreditáveis, e, nessas ocasiões, quebro minha regra de limitar as conversas entre os encontros regulares. Convidei uma mulher a me telefonar a qualquer hora, do dia ou da noite, até que esse período doloroso tivesse passado. Ela aceitou o convite, mas nunca abusou da minha hospitalidade.

Os orientadores e as orientadoras espirituais precisam encontrar uma maneira de lidar com as próprias reações ao material doloroso. Se também sofreram abuso, pode haver a tendência a se identificarem muito com a dor da pessoa orientada, a ponto de se apropriarem dela. Por outro lado, se tiveram relacionamentos afetuosos e saudáveis com suas famílias, pode ser difícil de acreditar que as famílias são capazes de crueldade intencional contra seus membros mais desamparados. De qualquer forma, lidar com as próprias emoções é um processo delicado para quem oferece orientação espiritual, porque as confidências da pessoa orientada devem ser protegidas. Conversar com o próprio orientador pode ajudar a restaurar a perspectiva, desde que exista o cuidado de se concentrar nas próprias reações, e não na matéria-prima da história da sobrevivente. Escrever em um diário é inestimável, assim como a oração, tanto para as pessoas confiadas a ela quanto para si mesma. Percebo que, quando oro por Linda, ela se torna para mim um símbolo de todas as mulheres e crianças que sofrem abusos.

Aqui, novamente, não há atalhos, porque isso pode ser um trabalho pesado e solitário. Depois de dar orientação espiritual a várias sobreviventes de abusos, sei coisas que preferiria não saber e vislumbrei profundezas cuja existência preferiria negar. Ainda assim, o orientador precisa ser crédulo o tempo todo. Ainda sofremos com a falha de Freud que não acreditou nas experiências reais das meninas da classe média alta na Viena da virada do século passado. Se a orientanda disse que aconteceu, aconteceu. E ainda está acontecendo: mesmo depois de décadas de amnésia, os flashes de recordação têm um imediatismo quase insuportável.

Embora alguns homens possam ser ouvintes vulneráveis e compassivos dessas histórias dolorosas, também há muitos que não querem saber sobre o abuso de mulheres. Pode ser impossível, portanto, para um homem trabalhar com uma mulher abusada, pelo menos nos primeiros estágios de sua consciência crescente. Uma orientanda, cuja aparência e maneiras não dão nenhuma pista de sua dolorosa história, me contou sobre sua dificuldade na partilha da paz durante a Eucaristia; por muito tempo, ela tentou se posicionar de forma que não tivesse que tocar ou ser tocada por um homem. Não é de surpreender que ela e outras sobreviventes ficassem pouco à vontade com um orientador, embora os homens homossexuais, que sofreram abusos sociais, muitas vezes tenham uma relação surpreendente com sobreviventes de incesto. Deve ser difícil para os homens compassivos não levar essa rejeição para o lado pessoal. Em estágios posteriores, a presença masculina apoiadora pode promover muitos avanços na cura, mas até lá deve-se apenas esperar.

As sobreviventes de abuso sexual têm uma difícil tarefa de integração. Compreensivelmente, elas são ainda mais propensas do que outras pessoas a cair na tendência comum de separar o "espiritual" do que aconteceu em sua vida. A conversa sobre Deus pode ser rara ou volúvel, mas desconectada da realidade. Em qualquer dos casos, pergunto de vez em quando: "Onde estava Deus quando isso estava acontecendo com você? Onde está Deus agora? Você sente raiva de Deus?". Com frequência, elas têm medo de expressar a possibilidade de raiva, tendendo a desculpar Deus como se a atenção de Deus tivesse apenas se desviado durante sua provação. Junto com essa relutância em enfrentar diretamente a presença ou ausência de Deus, a maioria das sobreviventes de abuso reluta em confrontar a provável cumplicidade de suas mães. Pelo menos nos primeiros estágios do trabalho, é mais suportável ver o pai (ou irmão, tio ou avô) agindo de maneira isolada. Por fim, elas vêm para compartilhar a visão de Elie Wiesel[24] e outras pessoas sobreviventes do Holocausto cuja fé foi forjada no sofrimento: Deus estava lá, no sofrimento.

Essas são mulheres corajosas. Aprendi muito sobre oração com elas. Os salmos são uma fonte de força para elas, em especial o Salmo 21(22),2 ("Meu Deus, meu Deus, por que me abandonaste, longe do meu clamor e do meu grito?") e o Salmo 87(88),2 ("Senhor, clamo por ti durante o dia; à noite sobe a ti o meu clamor"). Os salmos imprecatórios costumam ser uma surpresa para mulheres educadas na gentileza. Eu as incentivo a ler e saborear as partes coléricas. Por exemplo, o Salmo 68(69),23-26 é um bom exemplo de raiva desenfreada:

> Que a mesa lhes seja fraude,
> cilada, a sua fartura!
>
> Seus olhos percam a luz,
> não possam mais enxergar!
> Castiga as suas entranhas:
> a todo instante estremeçam.
> Derrama-lhes teus flagelos,
> a tua ira os atinja.
> Deserta lhes seja a casa,
> ninguém more em suas tendas.

---

24. Elie Wiesel (1928-2016) foi um dos judeus que sobreviveram aos campos de concentração nazistas. Escritor prolífico, recebeu o Prêmio Nobel da Paz de 1986 pelos seus vários livros publicados, que, em seu conjunto, trataram de resgatar a memória do Holocausto e defender outros grupos, vítimas de perseguições. (N. do T.)

Se o salmista pôde exortar Deus a exercer uma vingança terrível sobre seus adversários, a sobrevivente do abuso pode se permitir um pouco de raiva. Ela pode escrever, falar ou gritar. Encorajo orações de petição por compreensão, força e saúde restauradas. No entanto, sou muito cautelosa quanto ao perigo da prematuridade nas orações de perdão. Repetidamente, a sobrevivente diz: "Sei que devo perdoar meu pai, mas...". Ou, ainda de forma mais dolorosa: "Minha mãe e toda a família me dizem que devo estar disposta a perdoar e esquecer". A ferida do abuso é como qualquer outra ferida profunda e infeccionada. Se a superfície cicatrizar muito rápido, o veneno permanece para espalhar a doença em seu interior. Aconselho a orientanda, portanto, a orar para ser capaz de perdoar, algum dia.

Já mencionei o poder curativo da confissão sacramental, mesmo quando a penitente está mais oprimida pela vergonha do que pela culpa. É útil ao orientador apontar a diferença, de forma alguma minimizando o enorme fardo da vergonha. A privacidade do confessionário pode ser o único lugar onde a orientanda se sente segura para articular o que sente e dissipar seu poder nomeando-o diretamente. Ajuda a restaurar a perspectiva quando pergunto: "Onde está o seu pecado nisso?". Ou: "Onde está o potencial para o pecado?". Ambos estão lá, mas raramente da forma assumida pela sobrevivente do abuso.

Nem é preciso dizer que sou cautelosa quanto às imagens paternas na oração, por exemplo, no uso do pai-nosso. Para evitar a possibilidade de infligir mais dor, de forma involuntária, estou disposta a ser conduzida pela orientanda, que pode encontrar em Deus o pai amoroso que ela não conheceu na terra ou que pode preferir se separar tanto quanto possível de todas as imagens dos pais.

Por fim, a mulher que sobreviveu ao abuso sexual muitas vezes se torna uma intercessora poderosa. Isso não acontece de forma fácil ou rápida: primeiro ela deve lidar intensamente com as próprias experiências, depois com as de mulheres e crianças cujo sofrimento foi semelhante. Conforme ela persevera, com frequência encontra em si mesma fontes de compaixão por *todas* as vítimas.

Epílogo

Escrever um livro sobre orientação espiritual é um ato presunçoso: a pessoa se coloca como uma autoridade. Talvez seja levada a sério e se torne matéria-prima para notas de rodapé! Mesmo assim, ainda estou trabalhando na minha definição de orientação espiritual, brincando com imagens e modelos, e cada vez mais ciente de que, seja o que for uma orientadora espiritual, ainda não cheguei lá. Cada vez mais, alegro-me com meu *status* de amadora e oro a Deus para que nunca o perca.

A amadora é uma amante. O amor impulsiona seu trabalho e está em seu cerne. A orientação espiritual, como uma obra de amor, é também uma obra de liberdade. A orientadora está disposta a deixar as coisas acontecerem com naturalidade, a amar com as mãos abertas. Seu amor é contemplativo, imune à tentação de devorar, possuir ou manipular. Sempre vendo o outro como um filho de Deus, ela se enche de respeito, até mesmo temor na presença da pessoa sentada do outro lado do espaço sagrado, seja ele meu santo tapete gasto e remendado, seja a outra extremidade de um banco de parque.

Desejando deixar que as coisas caminhem e sejam o que são, a orientadora não está disposta a se desesperar. Ela tem fé no processo de crescimento e mudança, e ainda mais fé no poder da graça de Deus. Este é um ministério de esperança e novidade que anima, e até ajuda a definir, o *status* da amadora. O profissional trabalha de acordo com procedimentos padrão; quando visito meu oftalmologista ou dentista para um exame regular, conheço a rotina. No entanto, quando passo uma hora na orientação espiritual, tenho muito menos certeza do que vai acontecer. Mesmo na segurança e no conforto de um relacionamento de longa data, com ritmos e rituais bem estabelecidos, cada encontro é um novo começo. O orientador amador deve estar pronto para o inesperado; apesar de todas as nossas tentativas de domesticação, Deus lida com surpresas: um fato que a maioria de nós realmente não aprecia.

Desde os dias de Abraão, os mensageiros de Deus costumam aparecer em lugares e horas improváveis. Quando leio o relato de Lucas sobre a Anunciação e consigo deixar de lado as belas imagens que atrapalham minha imaginação, fico surpresa com o terror avassalador dessa história da revelação do inesperado. Lucas nos diz que Maria ficou "muito preocupada" com a saudação do anjo, e ela deveria estar muito bem! Que obra-prima de eufemismo! Maria poderia ter preferido um dia comum, um período plácido de noivado, seguido de casamento com José e uma família bela, comum. Em vez disso, ela recebeu uma saudação solene.

A Anunciação é a história da surpresa final: o mensageiro de Deus invade a rotina do cotidiano e do previsível e anuncia a presença divina entre nós e dentro de nós. Às vezes eu me pergunto, e às minhas orientandas: "O que você faria se um anjo estivesse esperando no banco de trás do seu carro, ou no seu escritório, ou em casa, na sua cozinha? Você, com um prazo a cumprir ou um cônjuge que está exigindo um pouco de espaço em sua vida ou um filho doente ou um encontro importante com seu chefe em um futuro muito próximo. Ou talvez você esteja cansada, à beira do esgotamento, e planeje passar duas ou três horas gloriosas deixando sua mente ficar entorpecida diante da TV. E ouve: 'Salve, favorecida, o Senhor está consigo. Tenho algo para você!'".

A orientação espiritual trata de se entreter com esses anjos problemáticos e imprevisíveis que aparecem em horários e lugares surpreendentes e raramente convenientes. Mais importante ainda, a orientação espiritual é reconhecer aqueles anjos e ajudar nossos irmãos e irmãs que se confiam a nós a estarem alegremente atentos àquelas pequenas anunciações que nem sempre parecem boas novas. Na verdade, elas podem parecer golpes ou contratempos, interrupções e intrusões em nossa vida organizada e bem planejada. Em determinadas ocasiões, as notícias são alegres e claras, mas a anunciação pode assumir a forma de más notícias: doença, rejeição, luto, perda aparente e desperdício.

O Deus que surpreende usa material estranho, improvável e até duvidoso, incluindo aqueles de nós que praticam o ministério da orientação espiritual. O Deus que surpreende não desperdiça nada, nem mesmo nossos "erros". Olho para trás, para os incidentes causados por minha inaptidão, gentilmente resgatada e transformada, com a gratidão e o espanto de quem dançou à beira de um abismo, porém sem ter a consciência disso. Repetidamente, fico impressionada com o poder deste ministério, tornado frutífero por nossa fidelidade mútua e pela ação de Deus. Palavras que na época me pareciam banais e inadequadas passaram a fazer sentido para a pessoa orientada, enquanto o silêncio nascido da minha incompetência se tornou rico e profundo. Então, eu me lembro da temível senhora G. do meu ministério no hospital, sua rejeição a mim como um agente de mudança, meu rebaixamento sumário ao *status* de amadora: "Você quer dizer que simplesmente anda por aí e escuta as pessoas?". Mais do que anfitriã, professora ou parteira, como orientadora espiritual, sou uma ouvinte sagrada.

Ouvir é uma palavra tão curta e comum que é facilmente ignorada. No entanto, todos nós conhecemos a dor de não sermos ouvidos, de não sermos escutados. Sinto um aperto no coração sempre que vejo uma criança desesperada, desarticulada pela tristeza, chorando para que seu pai, preocupado, a ouça. Minha angústia vicária parece excessiva até que me dou conta de que sou aquela criança que teme o terrível vazio quando uma voz não é ouvida. Munch e Siqueiros[1] capturaram esse terrível isolamento em suas pinturas, e todos nós, se mergulharmos na memória, o experimentamos.

De certa forma, não ser ouvido é não existir. Essa pode ser a situação dos muito jovens e dos muito velhos, dos muito doentes, dos "confusos" e, com muita frequência e com toda certeza, dos moribundos. Ninguém, em sua vida, tem tempo ou paciência para ouvi-los.

---

1. Edvard Munch (1863-1944): pintor norueguês, um dos precursores do Expressionismo. Em 1893 pintou "O Grito", sua obra máxima, que retrata a angústia do artista em relação ao amor e à amizade. O quadro se tornou bastante popular, como símbolo do desespero humano. David Alfaro Siqueiros (1896-1974): foi um renomado pintor mexicano e um dos protagonistas, junto com Diego Rivera e Orozco, do movimento nascido no México e conhecido como *muralismo*. (N. do T.)

Ou talvez não tenhamos coragem de ouvi-los. Como pessoas obcecadas pelo tempo, rejeitamos aqueles que não "vale a pena" ouvir. Em contraste, o ouvinte sagrado reluta em dispensar uma pessoa; como amador que está aberto a surpresas, dá de boa vontade a sua atenção. No momento, esse dom é muito raro, pois os orientadores espirituais ainda são escassos. Muitas pessoas encontraram um substituto na psicoterapia: ironicamente, nossa cultura é a primeira que paga os outros para nos ouvir. Talvez seja hora de os amadores retomarem sua vocação.

Esquecemos como a escuta é íntima, viva e fluida em sua mutualidade. Envolve interação mesmo que ninguém mova um músculo e ainda que o ouvinte não diga nada. A vulnerabilidade é compartilhada quando o silêncio é compartilhado.

A escuta sagrada é um trabalho de obediência mútua. É importante lembrar a ligação entre ouvir e a tão difamada e incompreendida virtude da obediência: ser obediente é ouvir, escutar. Não tem nenhuma relação com os reflexos pavlovianos[2] ou com o servilismo tímido. Tanto o orientador quanto a pessoa orientada estão ouvindo e escutando, atentos e respeitosos. Os orientadores espirituais podem encontrar um modelo na história do menino Samuel e do sacerdote Eli (Sm 3,1-18). É reconfortante lembrar que Eli, que é sábio, experiente e atencioso, no entanto falha duas vezes, mas o Senhor continua chamando. Tanto Eli quanto Samuel, orientador e orientando, estão envolvidos em ouvir: seu eu mais verdadeiro, o outro e, em última análise, Deus.

Podemos ser "Elis" para as pessoas que orientamos. Podemos ouvi-las e ajudá-las a ouvir a voz de Deus nas Escrituras, nos sonhos, nas palavras de amigos e inimigos, a ouvir "o que elas sempre souberam". Podemos encorajá-las a ir com confiança para um lugar escuro e esperar. "Vá, deite-se e, se ele te chamar, você dirá: 'Fala, Senhor, porque o teu servo escuta.'" Podemos ouvi-las na escuridão, no sofrimento e na solidão e ajudá-las a compreender o que ouviram. Eli guiou Samuel com grande custo para si mesmo. É improvável que o

---

2. Ivan Pavlov (1849-1936) foi um fisiologista e médico russo. Criou a "Teoria dos Reflexos Condicionados". (N. do T.)

ministério da orientação espiritual faça exigências tão drásticas a seus praticantes, mas faríamos bem em imitar Eli em sua disposição de se colocar de lado.

Quando o orientador e a pessoa orientada são mutuamente obedientes e engajados na escuta sagrada, a história é contada. Muitas vezes ficamos isolados de nossa história e da história cristã e nos preocupamos com nossas aflições, nossos relacionamentos ou nosso trabalho. Separados de nosso verdadeiro contexto, podemos ser superados por nossa situação presente, mesmo quando é "boa" e quando sentimos que Deus nos chamou para isso. Conheci seminaristas sobrecarregados de tarefas e prazos; superficialmente, eles estão se saindo bem, mas perderam o contato consigo mesmos e com a voz que os chamava.

Separados de nossas histórias, perdemos nossa identidade. Em meus primeiros dias como capelã na casa de repouso, desesperei-me por não conseguir distinguir um paciente de outro. Velhos e frágeis, apoiados ou amarrados em cadeiras de rodas, eles se alinhavam nos longos corredores dos andares de enfermagem. Como os prisioneiros e refugiados, todos se pareciam. Só fui capaz de vê-los como pessoas, filhos de Deus, quando quis ser uma ouvinte sagrada e estar presente em suas narrativas, às vezes hesitantes e incoerentes.

Como ouvinte sagrada (a escuta é sagrada, mas sou ainda eu mesma), tenho que me colocar fora do caminho, para me tornar humilde no verdadeiro sentido de saber meu lugar na ordem da criação de Deus. Devo ser desinteressada, crítica sem julgar. E, acima de tudo, devo ser reverente, pois me foi confiado algo precioso e terno. À medida que as histórias são contadas, a vulnerabilidade do orientador e da pessoa orientada aparecem, à medida que as máscaras caem ou são postas de lado. O orientador é convidado a compartilhar a dor, a fome, a coragem, a esperança, a alegria e a santidade.

O ouvinte sagrado também está sujeito a uma série de tentações. Sinto que devo sempre ter uma resposta sábia; devo compreender, avaliar e interpretar *todas as coisas*; devo manter a conversa animada como se um encontro de orientação espiritual fosse um coquetel sagrado; e, o mais insidioso de tudo, devo ser interessante. Certa vez, fui tocada e me diverti, ao mesmo tempo, por uma observação de um orientando que me agradeceu por meu "abençoado centramento". Cheia de ansiedade de desempenho, carregada de ego, eu temia que ele me achasse extremamente enfadonha!

Acima de tudo, o ouvinte sagrado está aberto a qualquer coisa que a pessoa orientada possa trazer. Está disposto a ouvir sobre trevas e desolação, os tempos de aparente ausência e abandono de Deus. Não se assusta com a raiva, dúvida ou medo da outra pessoa e sente-se à vontade com as lágrimas. Este ministério de presença é uma vida de oração de intercessão, enquanto o ouvinte sagrado espera e observa. Às vezes, a escuta se dá no calor do estábulo; outras, na luz pura e branca do alto da montanha distante; às vezes na desolação ao pé da cruz, outras, com medo e grande alegria no encontro com o Cristo ressuscitado.

Edições Loyola

editoração impressão acabamento

Rua 1822 nº 341 – Ipiranga
04216-000 São Paulo, SP
T 55 11 3385 8500/8501, 2063 4275
www.loyola.com.br